R[illegible]se

ISBN 978-88-98829-13-2

Prima edizione: ottobre 2014

Copertina: Monica Farinella
Editing: Lea Glarey
Impaginazione: Caterina Robatto

Stampa: GRAFICA VENETA S.p.A., Via Malcanton, 2 - 35010 Trebaseleghe (PD)

Roberta Cavallo e Antonio Panarese

LE 7 IDIOZIE SULLA CRESCITA DEI BAMBINI

Svelati i falsi miti che ti impediscono di essere un genitore efficace e sereno

UNO EDITORI

Attenzione!

Alcuni concetti che scoprirai in questo libro
saranno difficili da mandare giù.

Sarai tentato di respingerli e di giudicarli come sciocchezze.
Spesso troverai idee contrarie alle tue attuali conoscenze
e magari ti sentirai un po' a disagio.

Ma ogni passo verso la crescita e la consapevolezza
è sempre preceduto da una iniziale difficoltà.

Perciò tieni aperta la tua mente,
non giudicare questo libro liquidandolo subito,
ma fai che sia uno strumento in grado
di risvegliare le tue innate conoscenze genitoriali
che hai già dentro di te.

Per evitare di sprecare i soldi che hai speso per questo libro
e per evitare di mancare l'opportunità di trasformare
la tua vita in meglio, hai bisogno di tollerare questo eventuale
disagio iniziale, essere paziente, e considerare le idee
che a prima s-vista possono sembrare illogiche,
sbagliate e irrazionali (e molte lo sembreranno, credici!)

Molto spesso ogni tua decisione si è basata non tanto sui principi di natura, quanto su dogmi, abitudini, credenze che con la natura del bambino non hanno nulla a che fare. Questo è successo perché non hai mai pensato seriamente e con calma che potrebbe esserci un modo efficace e indolore per crescere figli felici e autonomi.

ANTONIO PANARESE E ROBERTA CAVALLO

Indice

1

Ma, in questo momento, come si sente il bambino?

È probabile che molti adulti, tra cui anche “esperti” del settore infanzia, non si siano soffermati a guardare un bambino negli occhi mentre piange terrorizzato, altrimenti non potrebbero mai consigliare di lasciare i neonati al buio da soli perché “devono imparare a dormire”. Ogni mamma, istintivamente, prova un’inarrestabile spinta che la porta ad abbracciare e consolare il proprio cucciolo quando piange. Oggi viviamo in un’era in cui questo istinto viene soffocato, represso in nome di regole e norme decise da adulti che non si chiedono:

MA, IN QUESTO MOMENTO, COME SI SENTE IL BAMBINO?

Per quanto ci riguarda, noi non abbiamo titoli accademici da mostrarti. Veniamo dalla strada, che di solito è bella polverosa. Abbiamo esperienza (tanta) maturata con casi pratici di bambini in difficoltà, vissuti in prima persona e risolti. Non siamo “accademicamente autorevoli”, ma abbiamo quotidianamente mamme e papà che si rivolgono a noi da tutta Italia (e dall’estero) per risolvere le loro difficoltà con i figli.

Possiamo raccontarti che cosa abbiamo vissuto, che cosa viviamo tutti i giorni e che cosa si prova a guardare negli occhi un bambino spaventato; che cosa si vive quando un bambino è tremendamente arrabbiato, tanto da arrivare all'autolesionismo, e che cosa si prova quando torna sereno e in pace con se stesso. Possiamo descriverti come si affronta il passaggio da quando un bambino rifiuta totalmente il cibo a quando inizia a chiedere il bis di minestrone e verdura. Partendo da una situazione di capricci e lotte di potere costanti, possiamo suggerirti la soluzione per ottenere un rapporto armonico e complice, dove ognuno ha il proprio spazio e il proprio ruolo, e dove tuo figlio potrà finalmente trovare un ambiente con le carte in regola per sentirsi sicuro e protetto.
Possiamo indicarti come si ricuciono e si superano le ferite del passato (compresi abusi di ogni tipo e violenza); come ritrovare la serenità di un abbraccio; come ritrovare la fiducia persa negli adulti, in un mondo duro e difficile per le anime sensibili che scendono su questa terra. Possiamo mostrarti i principi di Madre Natura che abbiamo intuito e osservato, che sono alla portata di tutti e che si sono dimostrati validi per ogni bambino e ragazzo, e che ti potranno aiutare a crescere i tuoi figli felici e sereni. Negli ultimi anni, proprio grazie ai principi di Madre Natura, abbiamo assistito alle trasformazioni di molti bambini e, in questo libro, stai per scoprire quali sono. Siamo sicuri che alcune idee ti sorprenderanno, altre ti shockeranno, mentre, altre ancora ti sfideranno.

Abbiamo scritto *Smettila di reprimere tuo figlio*, diventato bestseller in soli 2 mesi tramite il passaparola e che ad oggi ha raggiunto le 20.000 copie vendute. Numeri elevatissimi per il settore dell'Infanzia. Il libro è arrivato al 1° posto in classifica su Amazon, Ibs, Il Giardino dei Libri e Macrolibrarsi. In quest'ultima classifica è rimasto sul podio dei primi 3 posti per 5 mesi ininterrottamente. Dopo l'uscita del libro abbiamo organizzato il tour *La formula per la crescita felice* in undici città d'Italia con 900 partecipanti.
E come siamo arrivati fin qui? Come dicevamo, camminando sulla strada un passo alla volta e in particolare...

Come tutto è cominciato... la nostra storia

Ci siamo conosciuti nel 2006 frequentando la stessa scuola di formazione, *L'Oasi Naturale* di Angela Pedicone, trovando finalmente un percorso di studi in linea con le nostre passioni. Angela era un'ex-infermiera pediatrica e caposala dell'Ospedale Regina Margherita di Torino. Aveva trascorso gli ultimi vent'anni della sua vita fra ospedale e consulenze genitoriali come naturopata, a ricercare e appurare, attraverso l'osservazione dei principi della natura, ciò che veramente funziona con i bambini.
Angela aveva una capacità formidabile di "leggere dentro" ai bambini e agli adolescenti e di risolvere le difficili situazioni che le sottoponevano le mamme.

Il centro per bambini in affido familiare

Nel 2008, insieme ad Angela Pedicone, abbiamo deciso di fondare un centro residenziale di bambini in affido familiare, collaborando con gli assistenti sociali e gli psicologi di Torino, Casale Monferrato, Leinì e Viterbo, e svolgendo a tempo pieno docenze formative e consulenze. In particolare, questa esperienza, ci ha permesso di affinare la parte tecnica e teorica attraverso il quotidiano contatto con bambini disabili o affetti da disturbi comportamentali, attraverso il confronto con le scuole statali e dell'infanzia nel non facile inserimento dei bambini disagiati a scuola. Questo ci ha permesso di affrontare quotidianamente le dinamiche comuni alle mamme e agli operatori che si relazionano con un bambino: dalle malattie pediatriche al sonno dei neonati; dalla gestione della disabilità fisica alla relazione con le mamme nel centro; dallo svezzamento alla difficoltà di svolgere i compiti.

All'interno del centro abbiamo anche condotto un'esperienza triennale di *istruzione familiare* nella quale i bambini sono stati accompagnati in un percorso educativo che prevedeva da un lato l'insegnamento dei contenuti scolastici previsti dal Ministero e, dall'altro, l'utilizzo di una metodologia più in sintonia con la natura del bambino. La metodologia comprende un maggior contatto con la natura, esperienze pratiche in cui il bambino possa raggiungere egli stesso la conoscenza senza che gli venga indotta, l'utilizzo della *maieutica socratica* che "tira fuori" dal bambino tutte le conoscenze già insite in lui. Con questo metodo bambini che avevano subito traumi in periodo scolastico, che avevano sviluppato una totale avversione verso l'autorità, che mostravano forti deficit di attenzione o totale disinteresse per la scuola, hanno potuto ritrovare il piacere dell'imparare nel rispetto degli altri coetanei, maturando fiducia verso l'adulto e, soprattutto, tornando ad avere fiducia in sé e nelle proprie capacità.

In questo libro troverai descritti numerosi casi simili e la modalità con cui sono stati affrontati. Ciò che oggi ci rende così sicuri e ci consente di comprendere la causa dei disagi dei bimbi e degli adolescenti è proprio l'esperienza massiva vissuta in questo periodo. Sono stati in tutto cinque anni, per un totale di ventotto bambini e sei mamme in affido. È stata una full immersion di verifica e osservazione della natura dei bambini, di ciò che funziona e di ciò che, invece, è deleterio per loro e per il rapporto con i loro genitori.

Come puoi immaginare, si trattava per la maggior parte di situazioni limite: da donne pesantemente maltrattate dai mariti a bambini abusati; da disabili a bambini "ritenuti" disadattati che prendevano psicofarmaci; da bambini affetti da autolesionismo a bambini malmenati fisicamente e verbalmente fin dalla più tenera età.

Non possiamo dimenticare gli sguardi di alcuni bambini che, appena arrivati nel nostro centro, non si lasciavano toccare né accarezzare. Ogni approccio fisico era per loro ricordo di violenza e sofferenza.

A volte sono stati necessari tre-quattro mesi per riuscire a prenderli in braccio e fargli le coccole, a loro sconosciute; Abbiamo

impiegato anche un anno per modulare le loro attitudini aggressive e violente apprese nel passato ma, ogni qual volta che progredivano e si liberavano dalle ferite, è stata una gioia osservarli mentre riprendevano a sorridere, a giocare spensierati e sempre più fiduciosi. Per alcuni di loro, all'inizio, la disperazione era tale da aggredire anche noi con calci e pugni.
Altro aspetto rovente è stata l'alimentazione ma, anche qui, con calma e tanta pazienza, siamo riusciti a ridare un senso ai loro pasti e a farlgi scoprire che oltre ai wurstel, agli hamburger, alle patatine fritte surgelate e alle merendine industriali esistevano i cereali, le verdure e persino la frutta! Se i principi della Natura hanno funzionato con questi bambini e ragazzi, e hanno ridato loro la libertà di sorridere, allora possono funzionare con tutti i bambini.
Nell'anno scolastico 2009/10 abbiamo avuto la gioia di condurre, a seguito del bando indetto dalla Regione Piemonte, il corso di aggiornamento *La Via Naturale: lo sviluppo emotivo del bambino secondo natura* per la formazione degli insegnanti delle scuole dell'infanzia. Il corso è stato svolto per gli insegnanti delle scuole statali aderenti delle province di Torino e Asti.

La morte di Angela Pedicone e il nuovo ciclo

All'inizio del 2010 si apre un nuovo capitolo della nostra storia: Angela si ammala gravemente. Per circa un anno il nostro trio si divide. Io, Roberta, continuo a portare avanti le attività a tempo pieno lavorando anche 18 ore al giorno per sopperire al momento di emergenza, mentre Antonio e Angela lasciano la struttura per occuparsi a tempo pieno della sua salute. Nel mese di ottobre del

2010 Angela lascia il corpo.

Anche se ci eravamo preparati al peggio, l'arrivo della notizia da parte di Antonio, che ha accompagnato Angela in tutte le fasi della malattia e durante il passaggio, è stato uno tsunami emotivo per tutto ciò che essa rappresentava: un'amica, una maestra, un esempio di persona matura, consapevole e sensitiva, che trovava sempre la soluzione a tutto e aveva una capacità intuitiva immensa di comprendere i disagi dei bambini e di aiutarli a scioglierli.

Dopo la partenza di Angela abbiamo valutato se andare avanti o mollare tutto.

Abbiamo messo in discussione la nostra vita e deciso di portare a termine velocemente le attività iniziate entro uno-due anni, per poi chiudere tutto e trasferirci definitivamente su un'isola in Polinesia, dove ritrovare la pace e la serenità perdute.

Ma, nel riorganizzare le attività lavorative e nel prepararci al trasferimento, accadde qualcosa dentro di noi: i risultati ottenuti dagli allievi grazie ai nostri corsi di formazione, le difficoltà dei genitori risolte tramite le consulenze genitoriali, il contatto quotidiano e i benefici avuti dai bambini disabili e con disturbi comportamentali e, viceversa il tradizionale approccio deleterio alla crescita dei bambini e la carente sensibilità nei loro confronti hanno fatto rinascere in noi il desiderio di continuare e diffondere le conoscenze lasciate da Angela e di portare avanti le sue ricerche nel campo dell'infanzia e dell'adolescenza.

La nascita di *Bimbiveri*

Terminata la collaborazione con gli assistenti sociali, abbiamo fondato *Bimbiveri*, la società di formazione specializzata in corsi per la crescita felice dei bambini secondo Natura, integrando nella formazione le esperienze degli ultimi anni e ricominciando a svolgere attività di consulenza a tempo pieno. In seguito agli studi assidui e alle verifiche sul campo, arrivò l'intuizione fondamentale: formuliamo così la *Mappa per la Crescita Felice,* che contiene tutte le abilità necessarie ai genitori per crescere un bambino nella serenità e nella gioia. Per dare la possibilità a tutti di conoscere ciò che abbiamo appreso, decidiamo di scrivere un libro contenente le istruzioni della Mappa: *Smettila di reprimere tuo figlio.*

Ci concentriamo sull'ideazione del programma formativo completo *Come crescere tuo figlio secondo natura*: un corso intensivo che ha lo scopo di insegnare e far riscoprire agli adulti le risorse necessarie per la crescita dei bambini e degli adolescenti da 0 a 21 anni, dove i partecipanti riscoprono in poco tempo le facoltà *innate* per gestire un bambino nella leggerezza e nella gioia e hanno l'opportunità di lavorare su se stessi e sulle proprie difficoltà interiori.

La decisione di fondare il centro per i bambini in affido è stata una delle scelte più importanti della nostra vita e ci ha permesso di acquisire un'importante conoscenza, legata a esperienze di vita vissuta a stretto contatto con bimbi di pochi mesi fino agli adolescenti di 17 anni, 24 ore su 24, e di sperimentare sul campo ciò che è davvero risolutivo per i bambini feriti emotivamente e di appurare che cosa garantisce loro una crescita serena, felice e gioiosa.

La crescita che, in verità, ogni cretura ha il diritto di vivere.

2

Che DNA hanno quei genitori che con i figli “ce la fanno”?

In un’epoca in cui il metodo scientifico conta molto, forse dovremmo chiedercelo. Forse dovremmo iniziare a osservare i genitori, iniziare a studiarli, a portarli in laboratorio, a fare analisi e prelievi per vedere se coloro che hanno figli “felici e in salute” hanno geneticamente una marcia in più.

Noi non li abbiamo mai portati in laboratorio, ma di genitori ne abbiamo visti e osservati davvero tanti: mamme e papà dei bimbi in affido, mamme e papà che seguiamo in consulenza, amici, conoscenti, e anche mamme e papà al supermercato, per strada, ai giardinetti, nei negozi... e a ben vedere tutti inesorabilmente uguali: due occhi, due braccia, due gambe, due orecchie, poco tempo a disposizione, doveri lavorativi e doveri familiari, tanti grandi e piccoli problemi quotidiani e, in più, qualche imprevisto che di tanto in tanto spunta fuori.

Che cos’è allora che permette a “individui normali”, non dotati di super poteri, di entrare a far parte della cerchia di adulti che non hanno difficoltà nella gestione dei bambini, che alla fine “ci riescono”, mentre molti altri avanzano tra tentativi ed errori, stanchi e

preoccupati? E soprattutto, come facciamo a poter "imparare" queste loro "abilità" così da alleggerire anche il nostro carico?
Nelle pagine che ti aspettano, scoprirai:

- Che cosa ti separa dagli adulti "che ci riescono";
- Tutto ciò che ti sta facendo perdere tempo prezioso;
- Come sbarazzarti della spazzatura generata dalle false credenze e dai condizionamenti sulla crescita dei bambini;
- Le formule efficaci per togliere il piede dal freno, fatte su misura per te, così che tu possa essere ogni giorno il genitore che sente dire dal proprio figlio: "*Sei unico e speciale, mi capisci sempre, sono felice di essere tuo figlio*".

Perché dovresti leggere questo libro

Perché una volta conosciuti e applicati i principi di Natura abbiamo visto manifestarsi risultati eccellenti, osservato genitori e bambini ritrovare il sorriso e una sana complicità. Ma quand'è che non è successo?

1. Quando l'adulto ha preferito andare a cercare una pillola miracolosa sperando di poter risolvere senza modificare il rapporto educativo.
2. Quando l'adulto ha preferito continuare a leggere libri e consultare esperti, senza mettere le mani in pasta "dentro di sé".

3. Quando l'adulto ha creduto troppo faticoso il mettersi in discussione e ha preferito rinunciare.

Se anche per te qualche volta è stato così, non ti devi né giudicare, né preoccupare. È normale all'inizio avere un po' di difficoltà e magari sentire anche qualche resistenza interiore, perché si entra in un mondo nuovo e ognuno di noi ha i propri tempi nell'assimilare nuovi concetti, nuove abitudini e un approccio alla vita differente. Soprattutto quando si tratta dei figli è ancor meno immediato riuscire ad accettare di avere delle grandi responsabilità nei loro confronti. Ma con le giuste informazioni prima o poi la risoluzione delle difficoltà con i bambini e i ragazzi avviene. Se vuoi, puoi.
Infatti se da un lato molte delle "sviste" che come genitori, educatori o insegnanti commettiamo sono dovute solo al fatto che purtroppo non c'è una reale consapevolezza di come funzionano i bambini e, spesso, andiamo avanti per tentativi, errori e per "sentito dire"; dall'altro lato è sacrosanto segnalarti da subito che tutto si può prevenire e anche recuperare.

**INFATTI, NON SEI TU A ESSERE SBAGLIATO,
NON È TUO FIGLIO A ESSERE SBAGLIATO,
MA SONO SOLO GLI STRUMENTI CHE HAI A DISPOSIZIONE
CHE NON SONO IN LINEA CON CIÒ DI CUI TUO FIGLIO HA BISOGNO.**

Il libro che hai fra le mani è stato scritto per questo motivo: svelarti attraverso la nostra esperienza la causa dei piccoli e grandi disagi di tuo figlio (Le 7 Idiozie!) e fornirti soluzioni pratiche che potrai utilizzare fin da subito per crescere il tuo cucciolo felice e sereno.
Anche per noi non è sempre stato facile. Quando per la prima volta abbiamo sentito la nostra mentore Angela Pedicone raccontarci come funzionava la natura dei bambini, come osservandola potevamo coglierne i segreti e farne frutto, è stato davvero illuminante! Per noi voleva dire arrivare finalmente alla quadratura del cerchio: tutto era chiaro e trovavamo le risposte ai perché sulla crescita dei bambini e sulla nostra infanzia, i motivi per cui non sempre tutto era andato liscio.
Ma tra il dire e il fare c'è di mezzo il mare e possiamo garantirti che all'inizio si trattava di un vero e proprio oceano!
Osservavamo attentamente Angela mentre gestiva gruppi di bambini, mentre si occupava di suo figlio con amore, calma, centrata e sorridente, e soprattutto sempre con una soluzione efficace sempre pronta in tasca.
Poi arrivava il nostro turno, la possibilità di sperimentarci con i bambini durante i corsi o i bimbi in affido... le prime volte non è stato affatto facile. Per esempio, come ci sembrava difficile non perdere la pazienza!
Ma quello che ci arrivava da lei era così coerente da non farci mai fare una smorfia, da spingerci a persistere: il nostro prossimo obiet-

tivo sarebbe stato quello di allenarci giorno dopo giorno per abbattere vecchie abitudini, sanare vecchie ferite, così da essere davvero neutrali, finché ci saremmo riusciti al 100%.

Così è stato e i risultati non si sono fatti attendere, tant'è che tutto sembrava ed era addirittura più semplice da mettere in pratica di quanto non fosse ascoltare. Ancor oggi troviamo semplici e disarmanti i suggerimenti che indichiamo alle famiglie e che, se vengono applicati secondo Natura, non tradiscono e producono sempre il loro beneficio tanto a breve quanto a lungo termine.

Che cosa ci ha aiutato nel percorso e qual è il nostro "segreto"?

La risposta si trova nella forza di volontà, nella perseveranza e nell'amore sconfinato per i bambini. Queste creature sante e immacolate detengono una saggezza infinita, sono così preziosi da meritare a priori tutti i nostri servigi, le nostre attenzioni, i privilegi senza secondi fini. Loro che, con un'innocenza innata, sanno essere sempre sinceri, spontanei e coerenti.

Sono loro la vera FORZA DELLA NATURA, il motore del mondo e devono poter crescere e manifestarsi, SOSTENUTI E ACCOLTI come la loro natura desidera.

Perché ti scriviamo queste cose?
Probabilmente sai che abbiamo sostenuto e accompagnato centinaia di adulti e famiglie a comprendere i loro bambini, a risolvere le dinamiche difficili. Non ti abbiamo ancora scritto però che lo facciamo per un fine molto più grande.
Abbiamo avuto per anni bambini e ragazzi in affido familiare, scritto il libro *Smettila di reprimere tuo figlio*, conduciamo corsi di formazione e consulenze con una visione molto chiara di quello che desideriamo accada:

**La Natura deve vedersi riconosciuto il suo merito:
aver generato individui meravigliosi e perfetti,
fatti di talenti e desideri da realizzare, in grado di superare
le prove che la vita gli presenta, vincere le proprie sfide
e dimostrare che il vero paradiso lo viviamo dentro di noi,
qui sulla Terra in ogni istante del tempo che ci viene regalato.**

Se tutti, partendo da noi stessi e dai bambini, riusciamo a manifestare la nostra natura, a far tesoro dei suoi insegnamenti per crescere felici e in salute, instaurando relazioni amorevoli e costruttive, allora la possibilità che ci è stata concessa non ci sarà stata donata invano e saremo la testimonianza tangibile che è possibile non accontentarsi, essere felici e soprattutto se stessi. Un'altra cosa...

Se stai cercando i soliti metodi “chiavi in mano”, le solite mode “comode” che guardano al risultato senza risolvere la causa, che mirano alla riparazione del danno contingente, anziché risalire all’essenza, alle motivazioni profonde che muovono il bambino e la responsabilità dell’adulto, non li troverai qui. Se stai cercando un libro che ti dica che non devi fare niente per creare una relazione armonica con tuo figlio e per renderlo felice, mi dispiace, resterai deluso.

In questo testo sfateremo molti dei falsi miti sull’educazione, infrangeremo molti dogmi, andremo contro la morale comune. Siamo pienamente consapevoli che quello che la Natura ha previsto per la crescita dell’individuo possa sembrare strano e a volte scomodo, perché ci richiede di andare esattamente dalla parte opposta rispetto a tutto quello che ci hanno trasmesso o inculcato. E il punto è proprio questo! Se tutto quello che hai imparato o ti hanno raccontato sulla crescita di tuo figlio avesse funzionato, forse non avresti bisogno dell’ennesimo libro in cui cercare sostegno, di un’oasi di pace in cui trovare ristoro.

Se mai è esistito un momento nella storia dell’uomo in cui c’è stato bisogno di tornare ai principi della Natura, alla semplicità, all’essenza delle cose e alla verità per creare un mondo in cui tutti possiamo essere noi stessi, autonomi e consapevoli, beh, è proprio questo.

Quindi, apriamo le danze!

3

Benvenuti nell'era della razza umana tecnologica, intelligente e... *addormentata*

Oggi siamo da un lato tecnologicamente molto evoluti, ma dall'altro terribilmente lontani dalle nostre capacità di osservazione e di ascolto di noi stessi, di ciò che accade intorno a noi e ai nostri figli. Vediamo tre esempi tratti dalla vita quotidiana con i bambini.

Situazione n° 1

"*Mio figlio fa nuoto, karate e tennis. Mio figlio prende ottimi voti a scuola. Mio figlio ha preso il primo premio nella gara dell'altra settimana. Mio figlio mi aiuta a sparecchiare, ma non mette in ordine. Mio figlio...*".

Ma questo bambino chi è? Cosa sente? Cosa desidera? Come sta emotivamente? Cosa lo spinge a non collaborare?

Situazione n° 2

"*Mio figlio non mangia, non dorme di notte, è capriccioso, irrequieto, non segue le regole, a scuola si distrae. C'è qualcosa che posso dargli perché migliori? Perché sia più facile da gestire?*".

Invece di farci queste domande, perché non ci chiediamo come mai si comporta così? Che cosa vuole dirci? Che cosa sta cercando di esprimere?

Situazione n° 3

"*Non riesco mai a convincerlo! Ogni sera per lavare i denti è una tragedia! Non finisce quello che ha nel piatto se non gli prometto un pezzettino di cioccolata dopo! Non ascolta!*".

Potrebbe essere che non sia lui quello sbagliato ma lo siano i modi che noi adulti utilizziamo nei suoi confronti? Potrebbe addirittura essere che sia sbagliato partire dal presupposto che al bambino vadano richieste in continuazione delle cose invece che dare soltanto? Questa lo sappiamo, è forte, spiazzante, ma più andrai avanti nella lettura e più ne comprenderai il significato.

Questo non è un libro per creare dei buoni genitori.
Questo non è un libro su come risolvere in conflitti con tuo figlio.
Questo non è un libro su come far rispettare le regole ai bambini.
Questo non è un libro per semplificarti la vita con tuo figlio.

Questo è un libro che LAVORA DIRETTAMENTE SULLA CAUSA DI TUTTE LE DIFFICOLTÀ DEI GENITORI di oggi. Questo è il libro che TI SVELA COME ESSERE UN GENITORE A MISURA DI BAMBINO.

Perché "fare" e "creare" sono parole che implicano un risultato sulla base di quanto farai e di quanto ti impegnerai nel mettere in pratica magari un nuovo modello educativo.
Invece, quello che serve davvero è entrare nell'ottica del "non-fare", del fare meno, molto meno.
Dobbiamo con urgenza decondizionarci dall'idea di doverci sforzare per "allevare" i figli, istruendoli, immettendo in loro un sacco di informazioni, dando miriadi di regole, parlando, parlando e ripetendole fino allo sfinimento. I bambini non hanno bisogno di essere "regolati", "istruiti", fatti diventare dei bambini educati in vista di una convivenza civile e rispettosa dei dogmi. I bambini sanno già come diventare individui rispettosi, efficienti e attenti (a non prendersi fregature, soprattutto, e a non essere ingannati da falsità). Quello di cui hanno bisogno per manifestare se stessi è l'amore.

I BAMBINI HANNO BISOGNO DI ESSERE innanzitutto AMATI, ACCOLTI, SOSTENUTI E ACCETTATI. Se facciamo questo come prima cosa nei loro confronti, OTTENIAMO LA LORO STIMA, che è il tassello fondamentale per far sì che seguano il nostro esempio, fidandosi del modello di vita che proponiamo per noi stessi e per il mondo.

Quando anteponiamo ai nostri figli ciò che fanno, non li stiamo amando.
Quando diciamo loro "su, dai!" o quando diciamo loro "su, non si piange, ti sembra il caso, non l'ha mica fatto apposta", non li stiamo accogliendo.
Quando ci dicono che non hanno voglia di fare i compiti e noi rispondiamo "è il tuo dovere, dai, mettiti lì che in 5 minuti sono fatti", non li stiamo sostenendo.
Quando diciamo loro che la cameretta è in disordine, anche se non gli stiamo dicendo che loro sono disordinati (ti invito a riflettere su questo: potrebbe essere che tuo figlio si senta manipolato o accusato, perché, in fondo, chi è che ha giocato in cameretta lasciando tutto in giro?), quando chiediamo come mai hanno preso solo sei, quando gli diciamo "tuo fratello alla tua età non era così", non li stiamo accettando.

Questo è un libro sull'inversione di paradigma

Dobbiamo cambiare radicalmente la nostra mentalità, la concezione dell'educazione dei bambini e l'idea che abbiamo di loro. Solo così possiamo rendere il nostro intervento di adulti davvero efficace e in sintonia con la loro vera natura. Quello verso i bambini non può essere un investimento a breve termine. Quello che facciamo con loro e per loro è, e deve essere, un investimento a lungo termine, per il quale le nostre azioni di oggi vanno a costruire il risultato di domani. Se seminiamo bene, non solo viviamo un rapporto quotidiano migliore con i nostri figli ma diamo loro l'opportunità di raccogliere ottimi frutti in età adulta.

I 4 motivi che giustificano la necessità impellente del cambiamento

Il motivo "spirituale"

Tutti i bambini sono impregnati di un vivido e unico contenuto che vengono a manifestare sulla Terra: il loro progetto di vita, la loro leggenda personale. Lo conoscono e sanno di dover sviluppare determinate competenze per poterlo esprimere, da quelle più materiali quali camminare, mangiare, parlare, a quelle più sottili come sapersi ascoltare, avere fiducia nella vita, maturare forza di volontà e capacità di azione. Hanno il diritto di manifestarsi e di vivere il loro percorso, a volte in salita, a volte in discesa con tutte le agevolazioni e le difficoltà del caso. Non devono vedere la loro rotta modificarsi già in partenza e, a mano a mano che il viaggio prosegue, non devono doversi convincere che il loro tragitto è un altro, che stanno seguendo la via sbagliata o che addirittura loro stessi sono sbagliati per quel percorso. Questa non è la strada pensata per loro e dobbiamo salvaguardarli da questo rischio. Dato che siamo noi i responsabili di questa incomprensione, possiamo attivarci per il nostro cambiamento e non per il loro, che sono perfetti così come sono.

Il motivo affettivo

Il carburante di tutti i bambini è l'amore. L'amore ed esclusivamente l'amore, unito al non giudizio di mamma e papà che lo accettano per la meraviglia che è, sempre (anche quando "fa i capricci", quando non dorme, quando porta a casa "brutti" voti ecc.). Questi sono i due pilastri fondamentali che garantiscono al bambino un ambiente affettivo solido in cui poter essere se stesso, senza doversi costruire corazze emotive a difesa della propria essenza e senza correre il rischio che in lui si inradichino paure e insicurezze che si trascineranno nel tempo.

Il motivo educativo

Essere nei confronti del bambino come la sua natura richiede è il primo passo che garantisce la stabilità di tutti i passi successivi. C'è solo un modo per crescere bambini felici e futuri adulti consapevoli e maturi: quello previsto dalla loro stessa natura, quella che ogni giorno ci manifestano abbondantemente, se solo la osservassimo, se solo sapessimo guardare le cose giuste, anziché fermarci alla superficie del loro comportamento, per di più alterata dai nostri filtri fatti di condizionamenti, del nostro stato emotivo, di false credenze e di preconcetti. Se invece seguiamo i principi della natura del bambino, difficilmente incorreremo in incomprensioni e difficoltà relazionali. Sappiamo che può non essere semplice quando si tratta di scontrarsi con i nostri meccanismi personali.

Non sarà facile all'inizio, ma nemmeno impossibile: basta volerlo e applicarsi con pazienza e forza di volontà.

Se invece SEGUIAMO I PRINCIPI DELLA NATURA DEL BAMBINO, difficilmente (anzi, mai sulla base della nostra esperienza diretta) possiamo incorrere in incomprensioni e difficoltà relazionali.

Il motivo strategico

Abbiamo la possibilità di rendere il loro percorso quale dovrebbe essere, secondo i principi della Natura, per donare al mondo adulti consapevoli, maturi e responsabili (oltre che in grado di prendersi la felicità). Un'umanità consapevole non può fare gli errori delle generazioni precedenti. Adulti consapevoli di se stessi e del percorso evolutivo degli individui non possono che attivarsi per il bene del disegno comune, che non sta affatto andando alla deriva, anzi, procede verso una nuova e meravigliosa rinascita, proprio come la fenice che risorge dalle ceneri... che i più sensibili già sentono da tempo. Tanto per darti un esempio di questo, i bambini, che sono gli individui più sensibili e lungimiranti in assoluto, se non condizionati e non traditi nei loro sentimenti, sono sempre sereni, fiduciosi e positivi. Loro lo sanno.

Grazie ai contenuti che troverai in questo libro, grazie al metodo della Natura che da sempre è a tua disposizione, abbiamo visto genitori tornare a credere in se stessi e nel valore della famiglia, gioire nuovamente del tempo prezioso trascorso con i loro cuccioli e essere felici della responsabilità del loro ruolo.

Abbiamo visto bambini ricominciare a credere negli adulti, riprendere a sorridere e ad aver fiducia nella vita... e, rullo di tamburi, abbiamo sentito bambini ringraziare le loro madri e i loro padri con parole dolci e cariche di preziosi significati:

«*Grazie mamma, adesso sì che capisci il mio linguaggio*».
«*Grazie mamma e papà che mi avete aiutato a uscire da questo momento difficile*».
«*Grazie mamma, adesso sì che mi vuoi davvero bene*».

4

Il fattore n°1 per cui molti genitori fanno fatica a gestire i figli

Con tutto il tempo e tutta l'energia investiti per garantire una vita di qualità ai nostri figli, perché non siamo sempre felici e appagati del rapporto che abbiamo con loro?

Perché non sempre loro sono soddisfatti di noi e manifestano rabbia, piangono, non dormono, rispondono male e sembra che cerchino ogni appiglio per farci perdere la pazienza?

Perché, nonostante tutto quello che tentiamo, sembriamo ancora troppo sovente biglie impazzite in balia del caso?

A queste domande sembra non esserci risposta. Ma la risposta c'è.

E, come per tutte le sfide più scomode, anche per rispondere a questa domanda dobbiamo scavare più in profondità.

Chi sono davvero questi bambini e di cosa hanno bisogno in verità?

Qualche settimana fa ci trovavamo a Rimini. Al termine di uno dei nostri corsi, il giorno della partenza, prima di prendere il treno che ci avrebbe riportato a casa, siamo andati a passeggiare sulla spiaggia. Mentre Antonio si divertiva a lanciare e rilanciare nell'acqua un bastone di legno a una simpatica cagnolina appena incontrata, io, Roberta, guardavo affascinata tutte le conchiglie che popolavano la battigia. Una in particolare attirò la mia attenzione, una di quelle belle conchiglie a forma di corno arrotolato, tipo un Murice senza spigoli: la presi, la guardai dall'esterno e me la misi in tasca. Dopo poco mi fermai per osservarla meglio e, scrutandola con attenzione, mi immersi in tutta la sua bellezza... ed ecco che mi accorsi che al suo interno c'era qualcosa, qualcosa che è vivo! Ringraziando per essermene accorta e scusandomi con la conchiglia per averla sottratta al suo ambiente, convinta fosse un guscio vuoto, la restituii al mare.

Anche i bambini sono così: hanno un involucro, dei gusci ben strutturati e, solo se lo SGUARDO dell'adulto è ATTENTO, lasciano intravedere la loro VERA ESSENZA.

Se l'adulto si limita a osservare distrattamente la superficie lentamente, giorno dopo giorno, il contenuto, non trovando il suo ambiente ideale, si secca e muore. Noi continuiamo a guardare l'involucro, a preoccuparci dell'apparenza rischiando di far spegnere la vera essenza.

Perché ci fermiamo alla forma e non andiamo all'essenza

Perché il problema principale, anche per molti esperti del settore infanzia, sembra essere il comportamento del bambino e non chi è lui veramente?
Perché si pone l'attenzione sul come farlo mangiare, dormire, smettere di litigare con il fratellino e non sul PERCHÉ non mangia, PERCHÉ non dorme, PERCHÉ non ha voglia di fare i compiti, PERCHÉ litiga con suo fratello, PERCHÉ richiede attenzioni? Ovvero sulla MOTIVAZIONE PROFONDA che scaturisce direttamente dalla sua essenza, per cui il comportamento potrebbe essere l'ultimo dei nostri problemi?

- Perché fino a qualche secondo fa, prima di leggerlo, non ci avevi mai pensato;
- Perché di solito si fa così e abbiamo visto altri fare così;
- Perché ci sembra di perdere troppo tempo se facciamo in un altro modo;
- Perché potrebbe essere troppo faticoso e impegnativo;
- Perché ci sono troppe cose da fare e non abbiamo il tempo di soffermarci su queste "sottigliezze";
- Perché sono solo bambini, non sanno come ci si comporta e devono imparare;
- Perché in fondo vogliamo l'armonia e tutto quello che la destabilizza va riportato il più velocemente possibile sui binari giusti;

- Perché fermarci e chiederci se nostro figlio ha delle difficoltà ci fa un po' paura;
- Perché ci fa ancora più paura vedere che potremmo essere noi i responsabili di un suo disagio e che la soluzione potrebbe dipendere da noi;
- Perché è più comodo.

Invece, perché potrebbe valere la gioia di iniziare a osservare l'essenza dei bambini, di prendere in mano la situazione e percorrere un cammino diverso, quello previsto dalla Natura da milioni di anni?

- Perché, se la Natura ci ha fatti in un certo modo, è molto probabile che ci abbia dato anche gli strumenti per funzionare bene;
- Perché se per molti funziona, potrebbe funzionare anche per te e tuo figlio;
- Perché, se ci proviamo, magari ci accorgiamo che alla fine il tempo lo risparmiamo;
- Perché potremmo migliorare la qualità del tempo che passiamo con lui;
- Perché potremmo riuscire a comprendere sempre i suoi bisogni e quindi a rendere più efficace il nostro intervento;
- Perché potremmo giocare d'anticipo, prevenire, anziché ogni volta dover correre ai ripari;

- Perché gli permetteremmo di essere se stesso e, forse, grazie al suo esempio, potremmo anche iniziare a riscoprire noi stessi;
- Perché il nostro tempo trascorso insieme potremmo renderlo un tempo di qualità;
- Perché finalmente le nostre azioni e le nostre parole potrebbero essere quelle che lui davvero si aspetta;
- Perché potremmo vivere l'essere genitore non come un lavoro faticoso, ma come un piacevole impiego in cui ci rilassiamo, ci ricarichiamo e ci divertiamo;
- Perché potremmo provare la sensazione di essere davvero utili per qualcuno.

Ogni tua azione pende tra questi due estremi: cosa fare per essere efficace, cosa fare per evitare di cadere in fallo. Sempre: quando deve mangiare, dormire, togliere il pannolino, lavarsi i denti, scegliere la scuola superiore, uscire per la prima volta, ecc.

Molto spesso le tue decisione si sono basate non tanto sui principi di Natura quanto su dogmi, abitudini, credenze che con la natura del bambino non hanno nulla a che fare. Questo è successo perché non hai mai pensato seriamente e con calma che potrebbe esserci un modo efficace e indolore per crescere FIGLI FELICI E AUTONOMI.

"Quindi vorreste dire che in fondo non faccio abbastanza per mio figlio? Che forse non cerco veramente il suo benessere e la sua felicità?".

Abbiamo avuto negli ultimi anni l'onore e il privilegio di seguire e accompagnare tante mamme e tanti papà nel loro percorso e, in tutte queste numerose esperienze, non abbiamo mai incontrato un solo genitore che non faccia abbastanza o che non cerchi con tutte le sue forze di rendere il proprio figlio felice. Eppure c'è qualcosa che non funziona, perché a parità di sforzo il risultato non sempre è appagante, o lo è per troppo poco tempo, giusto quello che intercorre tra una litigata e l'altra, tra una presa di posizione e l'altra, tra una lavata di denti e l'altra, tra un pasto e l'altro. Ma allora cosa sta succedendo?

Ci deve essere qualcosa di nascosto… qualcosa di più profondo… qualcosa di non visibile all'osservatore superficiale.

La causa nascosta per cui ti senti bloccato

Hai presente un cipresso? Anzi no, facciamo una sequoia. Hai presente una sequoia? La sequoia, rispetto a un cipresso, occupa molto più spazio, proprio come i nostri bimbi che di spazio ne occupano molto una volta arrivati, sia dentro il nostro cuore che fuori. Ebbene, la sequoia può raggiungere i 100 metri di altezza e i 7 metri di diametro alla base: ha tronco e fronde decisamente imponenti. Questo è quello che vediamo se la guardiamo, se ci mettiamo sotto la sua chioma. È tutto quello che è visibile in superficie. E sotto? Sotto la superficie cosa c'è per poter sostenere e tener radicato un albero così grande? Sotto la superficie ci sono radici robuste e profonde che raggiungono pressoché la stessa altezza del tronco, solo che queste non si sviluppano verso il cielo ma in profondità. Ecco dove sta la sua forza! La stessa cosa vale per noi adulti e per i bambini. Proprio come una grande sequoia, abbiamo una parte visibile e una parte nascosta: senza il tronco che ci sostiene e senza le fronde che con le foglie respirano e in qualche modo comunicano con l'esterno, non potremmo vivere. Ma allo stesso tempo, senza la parte più profonda di noi, che ci permette di attingere alla nostra essenza e di irradiarla a tutta la pianta, di certo non saremmo vivi e rigogliosi, bensì spenti e rinsecchiti. A noi sembra che queste due parti della pianta siano separate. In verità, la linea del terreno che apparentemente le divide è solo un'illusione ottica e la pianta non ha e non vive discontinuità tra una parte e l'altra di sé.

Anche noi siamo profondamente uniti alla nostra parte più profonda e, se siamo liberi di manifestarci, tutta la nostra essenza risale fino a raggiungere anche i rami più lontani.

Per quanto riguarda i bambini, invece, non essendo totalmente autonomi dal punto di vista affettivo (lo saranno solamente dopo i 21 anni circa, se non ci sono stati intoppi), se non siamo noi a comprendere, risvegliare e accettare la loro essenza, la loro vera

natura, da soli non ce la fanno, smettono di brillare, si spengono e si dimenticano di chi sono veramente.
Tu potresti dirci: "Ok, e chi se ne importa se magari non sa chi è veramente, l'importante è che stia bene, che sia contento, che diventi un bravo ragazzo e che non abbia (e non dia) problemi".
No, invece è fondamentale, perché la manifestazione di chi siamo e del nostro progetto di vita è uno dei pilastri principali che possono garantirci la felicità, il benessere e l'armonia.

L'ESSENZA DEI BAMBINI è proprio come la parte nascosta della sequoia: NON LA VEDIAMO, NON CI PENSIAMO, NON LA CONSIDERIAMO, MA È ANCHE LEI CHE MUOVE TUTTO e, se non iniziamo a considerarla mentre costantemente si esprime, perdiamo una grande opportunità di essere proprio come i nostri figli ci desiderano.

Questo ci riporta alla nostra domanda iniziale: perché, se investiamo così tanto tempo e tante risorse per cercare di rendere ottimale il nostro rapporto con i bambini, siamo ancora un po' bloccati?
Alla luce di quanto esposto, la risposta diventa ora piuttosto semplice. Tutti vogliamo avere un rapporto meraviglioso con i nostri figli, ma siamo disposti a pagarne il prezzo?
"Cavoli, non avevo mai pensato ci potesse essere un prezzo per questo!"

Infatti, non ci avevi mai pensato, ma in verità proprio il prezzo che questo richiede, che la parte profonda di te conosce, ti impedisce di andarti a prendere questo pezzo di felicità. Vuoi sapere qual è questo prezzo? A volte, quando lo domandiamo, le risposte che otteniamo sono:

- Ma è faticoso;
- Ma ci vorrà un sacco di tempo per riuscirci;
- Ma non ho tempo;
- Ma ho troppe cose da fare e non riesco;
- Ma è difficile;
- Ma da solo/a è impossibile; se anche mia moglie/mio marito, non ci riusirò mai;
- Ma è inutile se poi passa tutto il giorno dai nonni.

La verità non è dentro queste risposte. La verità è che ti mancano dei dettagli fondamentali che farebbero la differenza e non sai distinguere (ancora per poco!) fino in fondo le caratteristiche dei condizionamenti e delle false credenze che ogni giorno ti condizionano.

Sono in tutto 7 gli ambiti in cui queste Idiozie si infiltrano e il prezzo da pagare è costituito proprio dalla volontà di mettere in pratica tutti i giorni il cambiamento necessario per scardinarle.

Il gioco della Settimana e le 7 Idiozie sulla crescita

Sono 7 le Idiozie che adesso insieme analizzeremo, vivisezioneremo e sfateremo. Perché non conoscerle rischia di metterti nella condizione di voler giocare con tuo figlio e di disegnare sul terreno il gioco della Settimana (in alcune zone si chiama "giocare a mondo", in altre "a campana", a "riga" o a "paradiso"), proprio come quello che vedi stampato in copertina.
Anche se lo hai disegnato per bene, le regole che proponi a tuo figlio per giocare insieme sono per lui un po' strane e incomprensibili. Tuo figlio resta seduto a fianco, rassegnato, triste e con il broncio perché sente che partecipare a quel gioco, con quelle regole, per lui potrebbe essere pericoloso. Lui vuole giocare con te alla Settimana, ma vuole farlo con le regole previste dalla sua natura, in quel modo spontaneo che lui conosce e che anche tu, se ti ascolti nel profondo, conosci da sempre.
Bisogna dunque cambiare le regole del gioco e per farlo ti suggeriamo di dare un'occhiata a quello che ti aspetta nelle prossime pagine leggendo l'anteprima che trovi qui di seguito.

Partiremo con la **1ª Idiozia,** demone comune a tutte le famiglie, **quella sui Capricci: perché vuoi sempre farmi arrabbiare?** ti sveleremo perché i capricci in verità non sono mai esistiti. Sfateremo una delle più grandi idiozie sulla crescita, la causa della cause dei capricci e ti racconteremo delle 5 soluzioni pratiche per prevenirli e risolverli definitivamente e velocemente. Dopo gli 11 falsi miti su questo tema, scoprirai come sciogliere nella pratica i disagi di tuo figlio comprendendo i suoi sentimenti. Ma non ci fermeremo qui e scaveremo ancora più in profondità, affrontando insieme i 3 ostacoli principali che incontrano i genitori quando devono prevenire e gestire i capricci. Alla fine del capitolo troverai la descrizione di un caso pratico risolto: *Filippo (6 anni), l'aggressività e la rabbia nel cuore.*

La 2ª Idiozia sarà quella sul Sonno: lascialo dormire da solo altrimenti lo vizi. Analizzeremo da subito i 3 motivi per i quali i bambini non si addormentano facilmente, scoprirai perché la ninna nanna inizia fuori dal letto e, infine arriveremo alla crema di questa prima parte con i 10 falsi miti svelati sul sonno. Per ogni falso mito troverai la motivazione per cui non risuona con le corde dei bisogni emotivi dei bambini, accompagnata dalle relative soluzioni pratiche. Inoltre scoprirai perché lo stato d'animo della mamma è legato a quello del bambino nei primi anni in modo inscindibile. Verso la conclusione troverai le 5 domande roventi e più frequenti sul sonno, e il secondo caso pratico risolto: *Voglio dormire nel lettone: l'esperienza di Giovanna ed Enrico (9 anni).*

Seguirà la 3ª **Idiozia, relativa all'Egocentrismo: devi prestare i giochini agli altri bimbi.** Qui scoprirai che il non vivere la fase egocentrica nei primi 7 anni rende il bambino insicuro, pieno di paure e lo fa sentire inadeguato, sia durante l'infanzia che negli anni successivi. Analizzeremo i 15 falsi miti sull'egocentrismo e scoprirai la soluzione a un problema molto comune: come gestire più figli insieme, e come prevenire e risolvere nella pratica i conflitti tra fratelli. Alla fine di questa parte troverai 2 casi pratici, quello di *Sabrina e la lotta per la nanna tra Samuel (7 anni) e Gabriel (3 anni)*, e il caso di *Sofia (10 anni) e i suffumigi.*

Giunti alla **4ª Idiozia riguardante le Regole: perché non mi ascolti? Te l'ho già spiegato 1000 volte!** risponderemo subito alla fatidica domanda: perché noi adulti vogliamo che i bambini imparino le regole? Scoprirai le 3 motivazioni profonde che portano i genitori a imporre con la "forza" le regole e che cosa si ottiene se si cerca di omologare i bambini e non si rispettano i loro bisogni emotivi. Ti sveleremo inoltre la motivazione che porta tuo figlio a non rispettare il tuo modello educativo. Dopo aver analizzato i 19 falsi miti sulle regole e scoperto il caso pratico *Roberta e i bambini in affido,* ti sveleremo il segreto dei segreti per insegnare le regole senza sforzo, sgridate e rabbia! Preparati perché tutto ciò che conosci potrà essere ribaltato sulla base della nostra esperienza pratica e di quella di migliaia di genitori che hanno imparato a risvegliare questi principi in linea con la crescita dei bambini.

Con la **5ª Idiozia inerente all'Alimentazione: perché mangia solo pasticci?** arriviamo a un nodo cruciale per molti genitori. Qui abbiamo 3 grandi falsi miti sull'alimentazione da risolvere, scoprirai il ruolo affettivo del cibo e la causa per cui un bambino lo rifiuta. Inoltre, ti sveleremo perché i bambini arrivano a tradire la loro natura, perdendo l'autenticità e modificano se stessi per adattarsi ai genitori. Analizzeremo 3 casi risolti sull'alimentazione: *Massimo (8 anni) vuole sempre i pasticci (e rifiuta le verdure)*; il caso di *Gloria (1 anno) rifiuta il cibo e piange sempre,* e quello di *Omar (6 anni) e le lotte con la mamma a pranzo.* In chiusura ti verranno date le 4 indicazioni pratiche sul cibo per i bambini e gli adolescenti.

Con la **6ª Idiozia concernente l'Apprendimento: ripetilo ancora una volta così lo impari meglio!** eccoci arrivati a un tasto dolente un po' per tutti. Partiremo subito con 3 "bombe": scoprirai perché i bambini e i ragazzi a scuola spesso si annoiano, perché gli insegnanti sono dei santi e perché i voti creano future generazioni dipendenti, sfiduciate e schiave del fare anziché padrone dell'essere. Scoprirai perché è un'idiozia cercare di potenziare le debolezze dei bambini per omologarli agli altri coetanei e ti forniremo una soluzione definitiva ed efficace. Dopo aver analizzato i 6 falsi miti sull'apprendimento, ti regaleremo 2 nuove frecce per il tuo arco da usare subito: la via facile del gioco e del divertimento che nessuno utilizza e la soluzione geniale di Socrate sull'apprendimento. Poi scoprirai come apprendono i bambini da 0 a 21 anni e in particolare: le 4 modalità elettive con cui apprendono i bambini da 0 a 7 anni; le 3 modalità elettive con cui si apprende da 7 a 14 anni e le 3 modalità elettive per i ragazzi da 14 a 21 anni. Infine, scoprirai il caso pratico di *Michele (9 anni), la disortografia e il deficit di attenzione.*

Eccoci finalmente all'arrivo! Finiamo in bellezza con questo tema spinoso, la 7ª **Idiozia, ossia quella sull'Adolescenza: questa casa non è un albergo!** Scoprirai subito che l'adolescenza non è necessariamente un periodo di crisi e perché gli adolescenti preferiscono riferimenti esterni, tra i coetanei, piuttosto che quelli dei genitori. Descriveremo come puoi evitare i conflitti familiari tra genitori e figli e, dopo aver svelato i 13 falsi miti sull'adolescenza, in dirittura di arrivo risponderemo alle 7 domande su questo tema tanto controverso: perché anche oggi in alcune culture non esiste neppure l'idea di una crisi adolescenziale? Perché questo periodo considerato difficile inizia sempre prima? Perché con gli adolescenti si parla tanto di sesso e di preservativi, e poco di amore? Perché i figli hanno così tanta rabbia nei confronti dei genitori? Perché pur avendo delle risorse interiori sembrano spesso brancolare nel buio? "*Ma cosa ne devo fare allora di questo ragazzo?!*" Le 10 indicazioni pratiche per l'adolescenza. In conclusione, troverai il caso di *Ivana (16 anni), l'allergia e il mal di stomaco.*

Bene, adesso partiamo, abbiamo tante esperienze, scoperte e informazioni da condividere con te! Il riscaldamento finisce qui, ora si passa alla maratona (senza classifiche, premi né vincitori) e alle 7 Idiozie sulla crescita dei bambini…

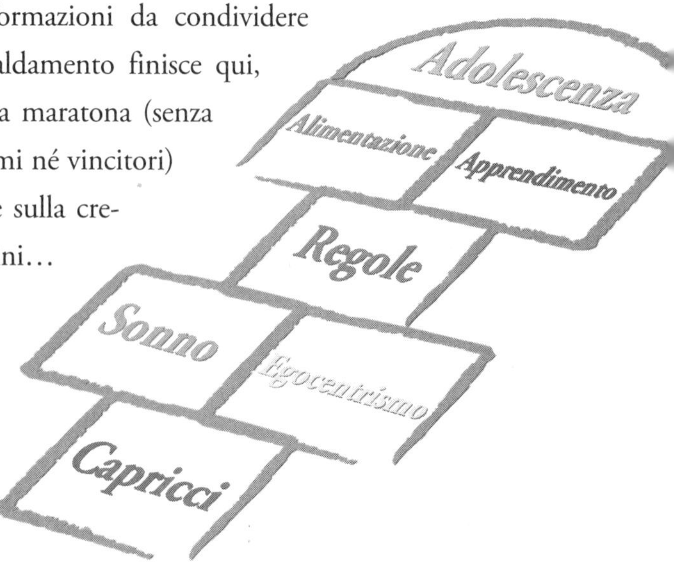

5

1ª Idiozia sui Capricci
Perché vuoi sempre farmi arrabbiare?

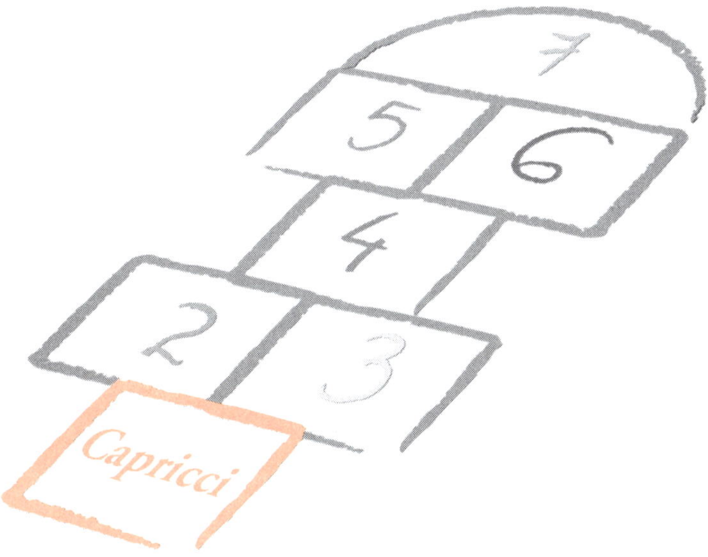

I bambini sperano e contano sul fatto che siano i genitori a esprimere quello che loro non sanno dire.

Jesper Juul

Tra tutte le piccole magagne quotidiane che danno del filo da torcere a mamma e papà, i capricci sono molto rinomati perché:

1. **Non si sa perché i bambini li facciano.** Quando vogliamo darci una spiegazione accampiamo delle motivazioni ipotetiche, come per esempio "*è stanco*", "*vuole farmi arrabbiare*", "*è stufo*" ecc.;
2. **Infastidiscono** l'occhio e il cuore (ma solo quando sono un po' distratti);
3. **Preoccupa** e irrita il fatto di non sapere come riportare la situazione alla normalità.

Insomma, i capricci sono quella cosa che, a lungo andare, gli adulti proprio fanno fatica a sopportare.
I capricci sono tante cose, una diversa dall'altra, sempre unici con sfumature differenti di volta in volta; si rafforzano e diventano immuni alle soluzioni precedenti, arrivano di soppiatto quando meno te lo aspetti e possono apparentemente scatenarsi per qualsiasi motivo; non sappiamo bene da che cosa dipendano e sono terribilmente imprevedibili.

Ma c'è una cosa che, sopra tutte le altre, i capricci sono: non sono "capricci".

Il dizionario online Hoepli definisce i capricci come: «*Voglia bizzarra, insolita, improvvisa, generalmente effimera. Idea bizzarra e*

ostinata, comportamento irragionevole e arbitrario. Evento, fenomeno inusitato, incomprensibile». Dato che queste manifestazioni comportamentali del bambino non le sappiamo comprendere e, spesso, non siamo in grado di farcene una ragione, con il tempo abbiamo imparato a definirli "capricci", proprio i come comportamenti bizzarri, insoliti, improvvisi, fugaci e passeggeri, ma anche ostinati, irragionevoli. Discutibili e non autorizzati. Incomprensibili.
E questa è l'Idiozia. Solo perché questi comportamenti sono per noi incomprensibili e ingestibili, diventando "capricci", non vuol dire che lo siano davvero… e, infatti, non lo sono per niente.

Tutti i comportamenti dei bambini che noi cataloghiamo distrattamente come *CAPRICCI* SONO SEMPRE MANIFESTAZIONI DI UN DISAGIO PROFONDO e, al contempo, un tentativo di comunicare una difficoltà che loro non sanno esprimere a parole. Se i bambini e i ragazzi sapessero esprimere tutto a parole, stai pur certo che lo farebbero, senza ricorrere ad un comportamento che fa star male prima di tutto loro.

Il guaio è che troppo spesso confondiamo i bambini per dei piccoli adulti e crediamo che così come noi siamo bravi a recitare e a manipolare, lo siano anche loro a inscenare dei brillanti teatrini. Ma i bambini non sono così, se sentono bianco esprimono bianco, se sentono nero esprimono nero! Quindi quando piangono, quando puntano i piedi, quando si buttano per terra, quando chiedono insistentemente qualcosa non stanno recitando affatto. Hanno sempre un ottimo motivo per farlo e la nostra difficoltà in qualità di adulti sta proprio nel comprendere che cosa si celi dietro ai famigerati "capricci" e che cosa nostro figlio stia cercando di comunicarci. Ma questo lo vedremo in seguito. Adesso iniziamo la nostra interessante e, a tratti, divertente escursione lungo le vie pittoresche e surreali del mondo dei capricci. Ed eccoti un corpulento elenco di definizioni, soluzioni, aforismi e morali su questo "lato bizzarro" dei nostri cuccioli.

Gli 11 falsi miti svelati sui capricci

Che cosa possiamo dire a difesa dei bambini? Del loro diritto di esprimersi e di essere così come sentono e in nessun altro modo? Possiamo dire molto, cercando serenamente di sfatare queste false credenze che giorno per giorno possono influenzarci negativamente e farci compiere passi falsi nella relazione con i nostri figli.

1° Falso mito sui capricci

Il pianto del bambino va visto non solo come la manifestazione del dolore ma come una necessità, infatti le lacrime lavano la cornea ed eliminano corpi estranei. In più, liberano una tensione e possono manifestarsi in qualsiasi momento della giornata anche senza motivo.

La natura del bambino

Il pianto del bambino deve essere visto invece solo come la manifestazione tangibile del suo dolore. L'umidità dell'occhio forse lava la cornea ma di certo non le lacrime causate dal pianto, che esprimono un dolore e che non sono mai senza motivo. Ogni tanto ci chiediamo se quando guardiamo un bambino mentre piange o mentre manifesta un disagio osserviamo forse un altro bambino, un bambino diverso che vediamo solo noi. Ci facciamo spesso questa domanda perché ci stupiamo del fatto che per noi sia così lampante vedere che il bambino non lo fa apposta, che non è sereno e che vuole dirci qualcosa. Siamo certi che in questi casi il primo difetto degli adulti è che osservano poco i propri figli, che lo fanno superficialmente e distrattamente. Altrimenti tutti vedremmo che i bambini non fanno i "capricci" apposta, ma che davvero vogliono esternare un dolore e che si sentono incompresi. Poi, il fatto che non sappiamo come affrontarli è un altro paio di maniche, ma se partiamo negando a priori il disagio, allora restiamo bloccati e qualsiasi nostro intervento si rivelerà inutile.

2° Falso mito sui capricci

Metodi per far smettere di piangere il bambino.

La natura del bambino

C'è la loro natura che si esprime e che esige delle cose. C'è poi la nostra natura innata di genitori che si incastra perfettamente con la loro e che sa cosa fare nel modo giusto e al momento giusto, a patto che la tiriamo fuori e che torniamo a darle la possibilità di esprimersi. Se osserviamo con calma il bambino, mettendo da parte tutte le idiozie sulla crescita di cui siamo infarciti, se ci mettiamo al suo posto senza idee preconcette, se ascoltiamo la nostra vera natura istintiva di genitori amorevoli, allora non possiamo che essere naturalmente efficaci. Chi guarda davvero un bambino negli occhi prima di rimproverarlo non può fare altro che leggergli l'anima e vedere il suo disagio profondo, oppure l'incredulità e l'incomprensione dinnanzi a un'azione che dal suo punto di vista non era sbagliata, che era inevitabile o che era accaduta inavvertitamente. E, soprattutto, può vedere in quegli occhi profondi tutto il bisogno di accoglienza, di supporto e di guida, anziché di ammonimento e disapprovazione.

3° Falso mito sui capricci

Se batte ripetutamente un oggetto è perché prova piacere a provocare reazioni nell'ambiente che lo circonda.

La natura del bambino

È vero che il bambino, soprattutto se molto piccolo o comunque in fase egocentrica, fa le cose e vuole essere visto e guardato mentre le fa. Sai perché succede questo? Perché il bambino conosce se stesso soltanto attraverso i nostri sguardi e le nostre reazioni. Anche lui si specchia in noi, nei nostri occhi e sulla base di quello che traspare dai nostri sentimenti e pensieri lui si farà un'idea sempre più chiara di chi sia in realtà. È palese che se i nostri pensieri e sentimenti sono neutrali, amorevoli e privi di aspettative, il bambino godrà della grande e preziosa opportunità di conoscere se stesso per chi è veramente. Se, invece, i nostri sentimenti e i nostri pensieri nei suoi confronti sono macchiati da chi vorremo che lui fosse, dalle nostre paure, dai nostri schemi e dalle nostre credenze, il bambino crederà con il tempo di essere chi in verità non è. Tornando al battere l'oggetto e ricordandoci che il bambino ha sempre un ottimo motivo per fare ciò che fa, quando si comporta in questo modo non è certo per provocare particolari reazioni agli astanti. Andiamo insieme a vedere perché lo fa. Tutti i bambini quando compiono un'azione (buttare per terra qualcosa, rompere un giocattolo cercando di aprirlo, fare rumore, ripetere sempre la stessa cosa ecc.) è perché, a priori, hanno avuto un'intuizione che vogliono verificare e, per farlo, magari hanno bisogno di ripeterla più volte. Per questo ogni tanto li vediamo fare più volte la stessa cosa. Se possono mettere in pratica quello che hanno intuito, trovano la conferma della loro intuizione: così i bambini imparano e mantengono alta la loro autostima.

Di conseguenza, è IMPORTANTE DARE LORO LA POSSIBILITÀ DI SPERIMENTARE, DI SCOPRIRE E DI FARE QUELLO CHE CHIEDONO, perché i bambini non domandano mai a caso o per noia, ma sempre per un motivo preciso.

Se quello che vogliono fare è troppo pericoloso dobbiamo stare con loro, pronti a intervenire. "Troppo pericoloso" vuol dire letteralmente troppo pericoloso: tranquillizziamoci, evitando i vari "*non correre*", "*piano!*", "*vieni qui!*", "*attento!*", "*no, perché sudi!*", "*fermati un attimo e vieni qui (smetti di giocare), che ti rifaccio la coda/che ti riallaccio le scarpe*". Questi non sono pericoli reali bensì preoccupazioni, ossia pensieri che occupano la mente con la loro negatività in merito a ciò che potenzialmente potrebbe accadere. Ma non è detto che accadano! Anzi sicuramente non accadranno! Quindi "*take it easy*" e impariamo dai bambini a preoccuparci solo quando è veramente necessario e a gioire della vita vedendone le possibilità anziché i limiti.

4° Falso mito sui capricci

Tutti i divieti devono essere accompagnati da spiegazioni.

La natura del bambino

Chissà quante volte hai sentito dire o hai ripetuto tu stesso "*ma quante volte te l'ho detto?!*", "*hai capito!?*", "*ma sai quante volte glielo dico!?*". Con grande frustrazione parliamo, parliamo ma questi bimbi non ci ascoltano, non capiscono quello che gli diciamo... o almeno così sembra. Su questo possiamo darti ragione, perché è proprio così: i bambini non ascoltano e non capiscono. E sai perché? Non perché siano degli omuncoli e devono ancora imparare, ma perché le spiegazioni razionali non sono affatto nelle corde della loro natura. Tutti i bambini, almeno fino a quando non escono dalla fase egocentrica (e, secondo la nostra esperienza, anche oltre), non assimilano, non interiorizzano le spiegazioni razionali che formuliamo e usiamo con gli altri adulti. Loro imparano per imitazione, osservando, attraverso la l'innata curiosità e il desiderio di sapere, sperimentare, provare, ripetere ed emulare quello che fanno mamma e papà. Quindi, è molto più semplice farci amare e stimare così che i bambini siano felici e desiderosi di imitare tutto quello che facciamo. Questo è l'unico modo in cui negli anni siamo riusciti senza sforzo a far lavare i denti ai bambini, a far mangiare le verdure, a farli collaborare in casa ecc.

5° Falso mito sui capricci

Con le richieste estenuanti il bambino ci mette alla prova. Per questo è necessario stabilire dei limiti.

La natura del bambino

Non credo che i bambini abbiano uno spirito tanto cervellotico e machiavellico. Perché dovrebbero metterci sotto pressione se il loro più grande desiderio è quello di essere amati? Anche in questo caso stiamo pensando a bambini che ragionano da adulti, senza metterci al loro posto. Se fanno richieste estenuanti, non potrebbe semplicemente essere che l'adulto non ha compreso la loro prima richiesta? Oppure non abbia soddisfatto il loro bisogno, senza comprenderne la conseguente delusione? Per quanto riguarda i limiti, i bambini sanno per natura quali sono i loro. Il problema è che, nella maggior parte dei casi, i nostri limiti sono più rigidi rispetto ai loro e, per questo, non ci capiamo. Non dimentichiamo poi che più sono piccini e tanto più i loro limiti avranno bisogno di "spazio": tutto è loro, tutti gli ambienti sono la loro casa, così come anche tutte le persone care e gli oggetti. Vogliono toccare tutto e andare dappertutto, perché nulla gli è precluso.

6° Falso mito sui capricci

Soluzioni: il time out o la sedia della riflessione.

La natura del bambino

Questa è un'altra delle invenzioni di noi adulti: in caso di capriccio l'adulto interviene decretando verbalmente o con il supporto di gesti il "*time-out*", oppure invitando il "capriccioso" a recarsi sulla sedia della riflessione, appartata e in posizione tale da indicare esclusione rispetto al gruppo o all'ambiente circostante. Per quale scopo? A detta dei sostenitori di questo metodo, tale pratica oltre a interrompere nell'immediato l'atteggiamento sconveniente, permetterebbe al bambino di avere la possibilità di riflettere in autonomia sull'accaduto, di trarre le sue conclusioni ed, eventualmente, di pentirsi comprendendo una morale e, perché no, di spingerlo a fare le sue scuse ben ragionate. Anche in questo caso ci domandiamo se parliamo degli stessi bambini o di creature di specie diverse. Te lo scriviamo perché, anche questa volta, ci troviamo dinnanzi a soluzioni che non hanno nulla di educativo né tanto meno di amorevole.

Innanzitutto i bambini non sanno autonomamente ragionare sugli errori, hanno un senso interiore di ciò che è giusto e di ciò che è sbagliato, quindi possono sentire, a seconda dei casi, una sensazione di disagio o di benessere. In seguito a una simile imposizione non si sentono soltanto incompresi, ma anche non amati e profondamente umiliati. Del resto a noi che effetto farebbe? Se fossimo noi a essere esiliati sulla sedia della riflessione, impareremmo la lezione o ci sentiremmo feriti provando un profondo senso di ingiustizia? Tu come ti sentiresti se sul lavoro ti mettessero in un angolo a riflettere, di fronte a tutti i tuoi i colleghi che ti guardano, per aver dimenticato di inviare una mail? Non è corretto rispondere che le situazioni di noi adulti sono diverse e di maggior gravità rispetto a quelle che coinvolgono i bambini.

7° Falso mito sui capricci

Si rifiutano di collaborare per attirare l'attenzione o per mettere alla prova la solidità dell'affetto della famiglia. Può accadere che il bambino non segnali volutamente lo stimolo di dover andare in bagno.

La natura del bambino

Davvero può accadere che il bambino non segnali lo stimolo volutamente? No, non può accadere. Per prima cosa ci dovremmo domandare: perché ha bisogno di attirare la nostra attenzione? Perché ha bisogno di mettere alla prova la solidità del nostro affetto? Anche in questo caso la risposta siamo noi. Chiediamoci se sia possibile evitare di spingere il bambino ad adottare stratagemmi per avere il nostro amore! L'autore del testo da cui abbiamo tratto questa frase, stava parlando del controllo degli sfinteri e, appunto, giunge alla conclusione che a volte i bambini non ci dicano di aver bisogno di fare la pipì o la cacca appositamente. Anche in questo caso, non crediamo in tanta macchinosa strategia ma, se così fosse, non dovremmo coglierlo come un dispetto, bensì come una richiesta di aiuto. Ne approfittiamo per dirti che nella maggior parte dei casi la mancanza di controllo degli sfinteri non è affatto volontaria e consapevole, ma origina da una mancata maturazione affettiva interiore che impedisce al bambino, anche nelle sue funzioni fisiche, di concedersi senza timori questo pezzetto di autonomia.

8° Falso mito sui capricci

La gestione dei capricci è difficile perché imbarazzante.

La natura del bambino

È vero che a volte gli adulti la pensano in questo modo. Peccato che così pensiamo a noi, ai nostri interessi e non a quelli del bambino. Siamo lì per lui e, indipendentemente da quello che sentiamo, possiamo fare il bene del bambino in quel momento. Comunque, dato che il nostro benessere e il nostro equilibrio di genitori sono fondamentali per ottenere una relazione efficace con i nostri figli, è importante vedere che cosa si nasconde dietro a questo imbarazzo. Se cogliamo l'origine del disagio, possiamo scioglierlo e quindi essere più neutrali nell'affrontare le istanze del bambino "capriccioso". Anche in questo caso è fondamentale domandarci come ci sentiamo e cosa proviamo davanti alle gesta di nostro figlio. È importante non delegare a lui la responsabilità delle nostre emozioni, fermarci e rivolgere per un istante l'attenzione su di noi. Le risposte a questa domanda possono essere diverse a seconda di chi siamo e della nostra storia: forse non sappiamo come reagire, soprattutto se siamo con altre persone adulte, oppure ci vergogniamo del fatto che nostro figlio si comporti in questo modo, ce la prendiamo perché ci sentiamo inadeguati ad affrontare la situazione, ci innervosiamo dopo esserci rivolti accuse su come stiamo crescendo nostro figlio ecc. Tra poco ti diremo come diventare neutrale e come comprendere le tue reazioni.

9° Falso mito sui capricci

I capricci sono atteggiamenti messi in campo dal bambino per vedere fino a dove può spingersi.

La natura del bambino

Il bambino testa i suoi limiti cercando sempre di superarli per crescere: si misura mentre gioca, sperimenta, scopre... ma non di certo nel manifestare un disagio.

10° Falso mito sui capricci

I bambini stanchi e capricciosi possono essere distratti con giochini e ninnoli vari.

La natura del bambino

Questo è ciò di primo acchito tentiamo quando ci troviamo davanti a ciò che consideriamo un capriccio. Dato che abbiamo difficoltà a sentire nostro figlio che si "lamenta", perché siamo di fatto messi davanti alla nostra frustrazione di non saper gestire la situazione o di non avere voglia di farlo (di solito questi episodi vengono considerati un impiccio), la prima cosa che facciamo è quella di sminuire l'evento ("*ma dai, cosa vuoi che sia!*", "*ma dai, mica lo avrà fatto apposta!*", "*e va beh, abbi pazienza*"), oppure cerchiamo di distrarre il bambino con oggetti, attirando la sua attenzione verso un'altra situazione o un altro scenario che speriamo essere in grado di fargli dimenticare l'accaduto. Anche se ogni tanto il bambino sembra rassegnarsi (in verità cerca di assecondarci per non contraddirci troppo e restare un bravo bambino ai nostri occhi), non stiamo facendo il suo bene perché, come vedremo, distraendolo non abbiamo accolto il suo disagio, ma lo abbiamo confuso con un capriccio.

11° Falso mito sui capricci

Allontanati e aspetta che si calmi.

La natura del bambino

Il bambino recepisce questa nostra risposta come un abbandono, si sente tradito, lasciato solo con la sua frustrazione che non è in grado di gestire. Ricordiamoci: i bambini non vanno lasciati soli in questi casi ma sempre soccorsi, accolti, compresi e aiutati.

Come sciogliere nella pratica i disagi del bambino comprendendo i suoi sentimenti

Una volta compreso che i capricci non sono tali ma rappresentano la manifestazione di un disagio, vediamo come possiamo aiutare il bambino ad accogliere il suo sentimento e a soddisfare il suo bisogno. Premesso che si tratta di un malessere, dobbiamo mettere da parte tutti i nostri preconcetti, le nostre tensioni e i nostri condizionamenti, per essere davvero al servizio di nostro figlio. Una delle chiavi per essere efficaci è riuscire, con il tempo, ad essere innanzitutto neutrali davanti a quello che di primo acchito ci sembra un "capriccio". Ma come si fa?

Si devono osservare e ascoltare le proprie sensazioni e i motivi per i quali non siamo neutrali, rivolgendo l'attenzione esclusivamente a quello che nasce dentro di noi come reazione alle gesta del bambino. Le reazioni sono sempre causate da ferite personali, totalmente estranee al bambino e alle sue azioni(come ti verrà spiegato meglio più avanti, quando parleremo dello specchio). Quindi, è importante rivolgere verso di noi la responsabilità di quello che sentiamo. Una volta viste e ascoltate le nostre sensazioni, la chiave sta nell'accoglierle senza giudicarle e senza criticarci o accusarci perché, se lo facciamo, il nervoso e la tensione aumenteranno. Dobbiamo invece accoglierci, dicendo ad esempio: "*è vero, mi sto innervosendo perché mi sento impotente, perché mi infastidisce il fatto di non saperlo aiutare, perché il lamento mi ricorda il mio disagio, non sopporto il fatto di*

non essere ascoltata". Ascoltiamo, magari chiudendo un attimo gli occhi, questa sensazione e accettiamo il sentimento: "*in questo momento mi sento così e va bene, è perfetto. Mio figlio non c'entra nulla, perché sono io che mi sento così, è la reazione a una mi ferita*". Finché la nostra ferita è aperta, la reazione sarà sempre dietro l'angolo e inevitabile. Per far sì che con il tempo la ferita si cicatrizzi senza lasciare segni e strascichi è necessario aggiungere un altro tassello. Dopo aver accolto il nostro sentimento profondo dobbiamo, nella pratica quotidiana, mettere in campo delle azioni che permettano ai nostri genitori interiori di sanare il trauma. Se i nostri genitori interiori non sono troppo maturi, questo è anche un buon modo per dare la possibilità a queste due competenze di crescere e svilupparsi.
Ecco alcuni esempi:

1. **Se ci siamo sentiti impotenti:** possiamo iniziare per esempio a fare qualcosa di efficace per gli altri.
2. **Se ci infastidisce il non sapere come aiutarlo**: possiamo fare di tutto per trovare soluzioni, non solo con nostro figlio, ma in tutte le situazioni della vita. Possiamo osservarci e iniziare a chiederci: "*che cosa potrei fare? Oppure... Oppure... Oppure...*", cercando di allargare i nostri orizzonti e vedere finalmente quante in realtà sono le risorse della nostra mente.
3. **Se il lamento ti ricorda i tuoi disagi o il tuo vittimismo:** osservati in modo più attento e ogni qualvolta in cui ti accorgi di

lamentarti, sospendi il vittimismo e trova la maniera di risolvere l'*empasse*. Trova autonomamente una soluzione senza chiedere supporto alcuno; agisci praticamente, consapevole che il lamentarsi fa solo perdere tempo, oltre che aprire ancor più le ferite.

4. **Se non sopporti di non essere ascoltato da chi ti è vicino:** puoi iniziare ad ascoltarti tu per primo. Non pretendere che gli altri ti ascoltino, ma inizia a dar voce al tuo bambino interiore, ad ascoltarlo e soddisfarlo. Per esempio, puoi chiederti come ti senti. Se ti senti stanco trova il modo di riposare; se hai fame, di mangiare; se hai qualche desiderio fai il possibile per soddisfarlo. In questo modo potrai essere sempre più autonomo e sanare da solo le tue ferite, per quanto profonde siano.

È chiaro che per far sì che tutto questo sia efficace bisogna impegnarsi e perseverare in modo che i risultati si consolidino nel tempo e che possano davvero fare la differenza.

Bene, stiamo preparando il terreno per non entrare più in reazione dinnanzi a quei comportamenti che confondiamo con capricci. Sappiamo che è un risultato che otterremo con il tempo e di certo non possiamo nel frattempo affidare nostro figlio ad altri o non essergli di aiuto. Quindi, anche se le prime volte andrai in reazione lo stesso, continua a osservarti senza esprimere giudizio e comincia a mettere in pratica tutto quello che serve per aiutare il bambino a superare il disagio nel momento in cui si manifesta.

Matteo torna da scuola e vuole solo la pasta in bianco

Facciamo un esempio. Matteo una mattina si sveglia e non trova più in camera il giochino preferito, è arrabbiato e si porta dietro quel nodo emotivo di tristezza. Ecco che magari, tornando da scuola con il suo bagaglio di emozioni in ebollizione non risolte, manifesta sintomi quali il rifiuto di sedersi al suo posto a tavola e il pretende la pasta in bianco, mentre tu hai già cucinato la pasta con il pomodoro.

Se consideri solo il suo comportamento esterno, è evidente che per te sta facendo un "capriccio" e, magari, pensi che una semplice alzata di voce o un castigo possa essere la soluzione. Se invece ti metti nei suoi panni, scopri che è solo arrabbiato e, non avendo ancora la capacità di raccontare i suoi sentimenti e di analizzarli, esprime con comportamenti esterni, che noi chiamiamo capricci, il suo disagio. Ecco svelata la causa!

Le 5 soluzioni pratiche ai capricci

Vediamo ora cinque indicazioni pratiche che possono fin da subito aiutarti a comprendere i comportamenti dei tuoi figli.

1. **Avvicinati al bambino rendendoti disponibile** ad ascoltarlo prima di accampare giudizi avventati.

2. **Evita il tono accusatorio**; chiedi in modo neutrale che cos'è successo, senza ricorrere alle solite frasi: "*che cos'hai combinato?*", "*perché devi fare così?*" (l'accusa lo fa sentire incompreso e il bambino si chiude ancora di più).
3. **Ascolta attentamente il bambino guardandolo negli occhi** e prendendo seriamente per vero tutto quello che ti dice, senza pensare che siano scuse o che ti stia dicendo delle bugie (ricordati che ha sempre un valido motivo per fare quello che fa).
4. **Vai oltre le sue parole**: lascia che il tuo intuito faccia la sua parte cogliendo lo stato d'animo di tuo figlio, indipendentemente dal racconto del bambino che può rispecchiarlo o meno. Forse tuo figlio si sente solo, poco amato, non ascoltato, oppure ha semplicemente bisogno di coccole, della tua presenza… o, ancora, ha fame, sonno, paura o è solo arrabbiato per qualcosa. C'è poi sempre la possibilità che stia rispecchiando un disagio che riguarda la sua mamma o, in generale, il clima familiare del momento.
5. **Rassicuralo e aiutalo nella pratica a risolvere la situazione**: per esempio se ti dice che è arrabbiato perché ha perso il giochino preferito, gli puoi dire: "*amore, hai ragione, non trovi il gioco e questo ti rende triste, andiamo subito in cameretta a caccia del gioco, vedrai che lo troviamo*". Ma se non lo trovate? Anche in questo caso trova una soluzione pratica, per esempio rassicuralo dicendogli che nel pomeriggio uscirete insieme a comprarne un altro, oppure che ti impegnerai a cercarlo per bene nei prossimi giorni, anche a casa dei nonni e a scuola.

Quale sarà il risultato? Tuo figlio si sentirà compreso perché sei andato a "beccare" il suo nodo emotivo e, aiutandolo nella pratica, si calmerà. Questo andrà a incrementare il suo grado di fiducia nei tuoi confronti, perché è consapevole che mamma e papà sono in grado di comprenderlo e aiutarlo. La fiducia e la stima costruita attraverso queste piccole ma grandi azioni sarà fondamentale per tutte le tappe successive di crescita.

I 3 ostacoli dei genitori quando devono sciogliere i capricci

Le difficoltà principali sono in tutto tre, scopriamole insieme.

Il primo ostacolo

Anzitutto vi è la grande difficoltà nel riconoscere il reale bisogno del bambino e a non confonderlo con un "capriccio". In base alla nostra esperienza, la maggior parte delle volte risulta paradossalmente più facile etichettare il comportamento del bambino e delegare a lui la responsabilità, piuttosto che vedere il nostro ruolo nella situazione e trovarci a dover fare nell'immediato qualcosa di efficace.

Il secondo ostacolo

Non sapere come fare a risolvere la situazione (ma se sei arrivato fin qui nella lettura vuol dire che lo hai già imparato nelle pagine precedenti).

Il terzo ostacolo

Tendiamo a voler risolvere il problema con l'obiettivo di far calmare le acque, di tornare a una sorta di normalità, di non avere troppi grattacapi da gestire e di far star bene il bambino, ovvero: che non pianga, non urli, non imprechi, sia sereno, ascolti e dia pochi problemi, perché queste sono, il più delle volte, il nostro metro di giudizio per farci dire che "sta bene". Guardando però la situazione dal suo punto di vista, se il bambino si sente libero di manifestare un problema o un'emozione interiore ciò significa che sta benissimo. Molto meglio dei cuccioli che, per sopravvivenza, si sentono costretti ad assecondare i genitori e che si adattano ai loro schemi pur di essere amati. L'obiettivo principale deve essere quello di andare a fondo nel sentimento di nostro figlio, di individuare la motivazione che muove i suoi comportamenti e agire di conseguenza. Insomma dobbiamo trovare la soluzione ottimale per il bambino e non quella ideale per noi!

Caso pratico n° 8

Filippo (sei anni): l'aggressività e la rabbia nel cuore

Come ormai saprai, abbiamo gestito per parecchi anni bambini in affido familiare che vivevano con noi e con altri collaboratori 24 ore al giorno. Io, Roberta, adesso ti racconterò la storia di Filippo. Un giorno ci venne chiesto di occuparci di un bambino di sei anni che era ricoverato in ospedale in seguito a un intervento chirurgico. Accettammo e, il giorno delle sue dimissioni, andammo a prenderlo. Dopo varie vicissitudini che non sto a raccontare arrivò il giorno in cui, nonostante la presenza di collaboratori e volontari, mi trovai a occuparmi di Filippo in modo pressoché costante, così da avere la possibilità di osservarlo molto più di quanto non avessi fatto fino ad allora. Se ti stai domandando Filippo fosse un bambino "disagiato" e "capriccioso" ti rispondo di no, perché era molto più di tutto questo! La rabbia infinita che teneva nel cuore e la paura mai sciolta lo rendevano un bambino aggressivo, diffidente, scontroso. Anche al più piccolo "no", scoppiavano urla esplosive, reazioni fisiche incontrollate, parolacce e pianti feroci. Passava le ore a istigare gli adulti, a caccia di una reazione violenta, a distruggere i giocattoli, a fare dispetti e a picchiare gli altri bambini.

Sapevo che la responsabilità di questo atteggiamento non era sua ed ero anche consapevole che, a causa del grande dolore che si portava dentro, non poteva fare a meno di comportarsi così. Infatti, tra le altre cose, i bambini che sono stati vittima di violenza fisica o verbale hanno la tendenza a ripetere in modo quasi ossessivo la stessa aggressività subita, quasi a volerla esorcizzare, a renderla "normale", spiegabile, contestualizzabile, accettabile. Altrimenti il rischio di dover convivere con un dolore tanto grande da farli sentire così soli, indifesi, in preda al terrore e alla paura della morte sarebbe troppo forte. Quindi, inutile cercare di contenerlo (se non nei casi in cui rischiava di far male a se stesso o ad altri bambini), di riprenderlo, di fargli rispettare delle regole di pacifica convivenza.

Come sempre, sapevo che la via elettiva era quella dell'amore, unito a una buona dose di comprensione, pazienza, accoglienza e sostegno. Così iniziai ad avvicinarmi dolcemente a Filippo rendendomi disponibile per soddisfare tutti i suoi bisogni: cucinavo le cose che desiderava, riordinavo i suoi giochi (prima di passare a riordinarli insieme), giocavamo tanto insieme e, a piccole dosi, presi anche ad avvicinarmi fisicamente a lui, abbozzando qualche coccola (che all'inizio respingeva). Lo ascoltavo moltissimo, mi mettevo nei suoi panni e lo capivo, cercando insieme soluzioni efficaci. A piccoli passi e giorno dopo giorno, qualcosa iniziò a cambiare (evviva!): meno giochi distrutti, maggiore calma e minor scontrosità, desiderio di farsi coccolare, sorrisi... Il mio supporto proseguì aumentando le coccole: lo tenevo molto in braccio, lo aiutavo a vestirsi, gli davo un sacco di baci ripetendogli quanto fosse speciale e meraviglioso! Facevo questo perché, oltre all'evento drammatico che lo aveva coinvolto in prima persona, la sua vita era stata davvero molto difficile e aveva bisogno di recuperare completamente il bisogno di amore e di accoglienza, tipico della prima fase egocentrica. A mano a mano che il tempo passava (circa un anno), tutto migliorò e le corazze emotive lasciarono il posto alla vera essenza di Filippo: la conchiglia lasciava finalmente vedere e brillare la perla nascosta. Filippo dimostrò di essere un bambino meraviglioso, pieno di inventiva (costruiva tantissimi giochi in legno, adorava fare il contadino e giocare con gli animali), altruista e disponibile, comprensivo verso i bisogni degli altri bambini, sereno e felice, in grado di esprimere a parole i suoi sentimenti senza più doverli far esplodere come uragani. L'esperienza con Filippo è stata per me una delle più preziose, perché ho potuto verificare ancora una volta che avendo la piena possibilità di intervento su di un bambino, senza influenze esterne limitanti, potendo mettere in campo quotidianamente i principi di Natura, anche le situazioni considerate più difficili possono regredire ed essere sanate. Ho visto per l'ennesima volta che la natura angelica di ogni bambino è sempre presente e ci chiede solo di essere aiutata a sbocciare. In questo caso non ho mai fatto ricorso ai rimedi floreali o erboristici.

Se osservi la natura del tuo bambino scoprirai che…
i capricci non sono capricci, ma nascondono sempre
una VALIDA MOTIVAZIONE INTERIORE.

6

2ª Idiozia sul Sonno
Lascialo dormire da solo altrimenti lo vizi

... buonanotte questa notte è per te.
Buonanotte, buonanotte fiorellino,
buonanotte fra le stelle e la stanza,
per sognarti, devo averti vicino,
e vicino non è ancora abbastanza...
Francesco De Gregori

"*Deve dormire fin da subito nella sua cameretta, altrimenti si vizia e a vent'anni te lo troverai ancora nel lettone*".
Quante volte l'abbiamo sentita? Personalmente, tantissime! C'è chi lo dice convinto e lo sostiene come un dogma; chi invece lo dice abbassando lo sguardo, incespicando con le parole e con un po' di titubanza, perché non ne è tanto sicuro, ma ha paura di non riuscire a gestire un bimbo nel lettone e, soprattutto, il passaggio successivo dal lettone alla cameretta. Altri lo dicono forte e chiaro perché lo hanno sperimentato con i propri figli (anche se non ho mai visto nessun "amante del lettone" tenersi aggrappato a quel materasso anche a vent'anni). Comunque sia, al di là delle voci di corridoio, e dunque quelle delle mamme, dei papà, delle amiche (amiche in generale, non le amichette di papà), delle nonne (non abbiamo mai capito perché queste categorie debbano avere un'importanza e una credibilità relativamente inferiori rispetto ai risultati scientifici), sostengono questa 2ª Idiozia anche emeriti esperti in fatto di infanzia e quindi la stessa cosa la troviamo anche su testi illustri, su riviste ad ampia tiratura e nei salotti televisivi. A grandi linee, ecco cosa ci è capitato di leggere e di sentire:

- Se il bambino dorme nel letto di mamma e papà il rapporto di coppia viene compromesso e nessuno dei tre è felice;
- In fatto di sonno bisogna parlare di educazione al sonno, perché è importante insegnare al bambino a dormire bene;

- Il bambino deve poter sperimentare le sue capacità di autorilassamento. Solo educandolo correttamente diventerà un adulto in grado di calmarsi in autonomia;
- Bisogna dire al bambino che deve dormire nel suo letto, spiegandogli le motivazioni;
- È vero che è bellissimo dormire tra le braccia di mamma e papà, ma il bambino deve essere educato fin da piccolo al fatto che ce la può fare da solo;
- Lasciatelo nella sua camera e all'inizio piangerà, urlerà, vi vorrà con lui: voi rimarrete fermi sulla vostra posizione; affacciatevi ma non toccatelo; ditegli che lo amate ma che deve imparare a dormire da solo. Nel giro di pochi giorni sarete una famiglia felice;
- Quella del lettone è un'abitudine malsana;
- Se riesci a non cedere alla tentazione di portarlo nel lettone, bene, continua così e allunga il tempo che trascorre tra una volta e l'altra in cui ti avvicini al lettino dopo che il bimbo ha iniziato a piangere;
- Restando vicino al bambino non lo stai aiutando, portagli piuttosto un po' di latte o un biscotto;
- Entro l'anno il bambino deve dormire da solo. Dormire nella stessa stanza di mamma e papà è pericoloso perché il bambino respira l'anidride carbonica che emettono, quindi anche la culla deve stare a giusta distanza dal letto. Inoltre, dietro il *co-sleeping* si cela il pericolo del surriscaldamento;

- Dato che il lettone è tanto desiderato dai bambini deve diventare una cosa che si conquista o, al massimo, un'eccezione;
- Se lo addormenti in braccio, non ne vorrà sapere di dormire in altri modi e tu diventerai sua schiava;
- Se proprio non ci riesci, compensa con ciucci (anche più di uno nella culla o nel lettino), nanne e oggetti transizionali di vario tipo.

La prima domanda che ci viene da fare è: davvero la Natura ha considerato il sonno come una cosa da imparare? Davvero lei vede nell'abitudine al sonno una "nozione da apprendere"? Personalmente ci sembra alquanto assurdo e improbabile.

Tutti, da che mondo è mondo, grandi e piccini, se ci sappiamo ascoltare e ci rendiamo conto di essere stanchi, andiamo a letto e ci addormentiamo. Quando non è così semplice o abbiamo problemi di insonnia oppure sappiamo che dietro c'è lo zampino di qualche MALESSERE, PREOCCUPAZIONE, ARRABBIATURA.

Per i bambini è ancora più immediato: soprattutto se molto piccoli, vivendo in relazione costante con il presente, li possiamo vedere spesso crollare tra le braccia di mamma e papà oppure sul seggiolone. Anche per loro, se ci sono tensioni, paure o disagi, il momento dell'addormentamento può risultare difficoltoso e possono avere un sonno disarmonico. Più avanti, ti diremo cosa si può fare in questi casi. Ma intanto iniziamo a scardinare qualche falsa credenza, vediamo cosa davvero la natura dei bambini richiede per il sonno e com'è il sonno dei bambini secondo Natura.

Sonno profondo e risvegli danzano insieme

Il ritmo è l'anima della vita. L'universo intero gira intorno al ritmo. Ogni cosa e ogni azione umana gira intorno al ritmo.

BABATUNDE OLATUNJI

Tutti i bambini nascono con una concezione dello spazio/tempo molto differente, per fortuna, da quella di noi adulti. Non conoscono l'ora e gli orologi, e hanno un'idea dello spazio che incorona la mamma come fulcro. Insomma, se tuo figlio fosse un compasso, avrebbe la sua mamma come perno mentre lui, se fosse la mina, con il passare dei mesi, crescendo, traccerebbe cerchi concentrici di raggio sempre più ampio, distanziandosi e differenziandosi a piccoli passi. Che cos'è allora che determina un bioritmo armonico nel bambino?

In lui è vivo fin dal primo momento un ritmo che gestisce la sua crescita e che è in perfetto accordo con i ritmi della natura, che vanno e vengono come delle onde, con dei picchi verso l'alto e dei picchi verso il basso.

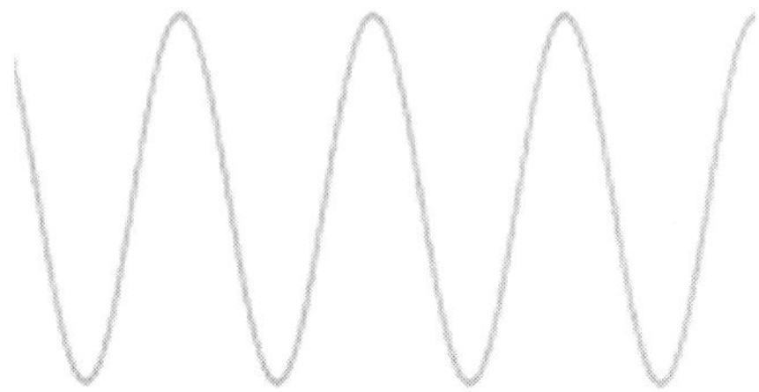

Questo movimento ondulatorio non appartiene solo alla natura dei bambini ma alla Natura tutta. Seguono questo ritmo le stagioni, il giorno e la notte, il sonno e la veglia, le onde del mare, il dondolio del vai e vieni tra le braccia di mamma o di papà quando ci culla, il nostro battito cardiaco. Probabilmente, una volta sceso sulla Terra, il battito cardiaco è proprio la prima cosa che il bambino sente, con cui inizia a convivere, da cui si lascia cullare e guidare. È un ritmo che lo rassicura e che scandisce i suoi momenti uterini e che continua a guidarlo anche dopo la nascita. Questo movimento ondulatorio non è appannaggio esclusivo del giorno ma accompagna anche le notti del bambino e, quindi, è del tutto normale che più lui è piccino e più la notte sia fatta di sonno e di risvegli che si susseguono l'uno dopo l'altro. A mano a mano che il bambino cresce, i momenti di sonno e di veglia si avvicinano sempre più a quelli dell'adulto e, come capita di non dormire più di giorno, a parte magari un piccolo sonnellino pomeridiano, ecco che si dorme tutta la notte con il movimento ondulatorio caratterizzato da un sonno con vari gradi di intensità, ma che non necessariamente comporta un risveglio. Accade, dunque, come durante la giornata, in cui fisiologicamente alterniamo momenti in cui siamo carichi di energia a momenti in cui rallentiamo.

Sappiamo che può essere difficile immedesimarsi in quanto descritto, perché oggi i nostri ritmi naturali sono piuttosto alterati. Il bambino alla nascita non ha ancora avuto modo di alterare il proprio ritmo ed ecco che di notte si risveglia e si riaddormenta di frequente. A seconda del bambino assistiamo a dei risvegli brevi, dove il nostro cucciolo forse non apre neppure gli occhi ma magari si gira, si rigira, fa qualche movimento, parlotta un pochino e si riaddormenta (in questo caso mamma e papà possono anche non accorgersene e, per questo, dicono che il loro bambino dorme filato tutta la notte), oppure si risveglia richiedendo il seno e di essere cullato, consolato, per cui basta una mano, una coccola e si riaddormenta facilmente. Ma non sempre è così: a volte questi risvegli notturni preoccupano mamma e papà perché il bambino sembra agitato e turbato, piange e pare che nulla possa consolarlo. In questo caso riprendere il sonno risulta difficoltoso, da del filo da torcere. Perché succede? Solitamente i motivi sono 3.

I 3 motivi per cui i bambini non si addormentano facilmente

Motivo n° 1

Il ritmo quotidiano non segue il ritmo naturale del bambino

Se non conosciamo a fondo la natura del bambino, è normale pensare come prima cosa al fatto che mangi, che sia pulito, che non pianga, che cresca bene e trascurare invece il suo bisogno innato di vivere a contatto con il ritmo della natura per essere rassicurato, per trovare un suo senso di orientamento istintivo, per ritrovare un clima familiare come quello che ricorda l'utero materno e trarne beneficio. Se non badiamo a questo aspetto, per esempio, possiamo non far caso al suo bisogno di riposare dopo aver fatto la poppata, oppure dopo aver corso tutta la mattina al parco. Possiamo credere che sia innocuo trascorrere la serata con la televisione accesa e con alcuni dei suoi programmi demenziali, oppure, banalmente, trascorrere l'ora che anticipa il sonno a farci il solletico e a correre. Il ritmo interiore e vitale del bambino viene invece agevolato e non alterato, se quello esteriore legato alla sua quotidianità lo ricalca il più possibile. Ecco che possiamo dunque, a seconda delle età, alternare momenti di sonno e di veglia anche di giorno (quando il bambino è neonato non vale la frase "*ma non ha sonno*", in quanto segue d'istinto questa ritmicità e, se ciò non accade, dovrebbe rappresentare per noi un campanello d'allarme ad indicarci che qualche tensione non lo rende sereno), alternare momenti di gioco frenetico a momenti di attività più tranquille. Dopo cena, ad esempio, possiamo abbassare le luci, la voce e predisporci per il rito della nanna, evitando di "agitare" l'ambiente. Se poi anche mamma e papà hanno un ritmo interiore equilibrato, abbiamo fatto bingo. Spesso ci è capitato di incontrare mamme che dicevano: "*Ma ho un ritmo molto equilibrato, faccio proprio così come dite voi, eppure mio figlio non dorme ed è agitato e nervoso*"... quasi per rimarcare che i principi della Natura non funzionano, per farci notare che il problema, nonostante gli accorgimenti adottati, continua a essere del bambino, come avevano sostenuto fin dal principio. Quando poi gli chiediamo di spostare l'attenzione su se stesse, domandando in quale ambiente emotivo fanno vivere al bambino che, quando si trova in fase egocentrica è totalmente influenzato dai pensieri e dalle sensazioni materne, la cosa cambia. Infatti, a una osservazione più attenta e libera da qualsiasi giudizio, la mamma può vivere a volte per prima un suo ritmo interiore disarmonico, fatto di ansie, paure, esitazioni, da un sacco di pensieri che scorrono senza controllo, ai quali si aggiunge a volte una buona dose di disorganizzazione che porta alla mancanza di sicurezza, alla dispersione e alla fragilità. Tutte sensazioni più che giustificate, se pensiamo ai profondi cambiamenti che porta l'arrivo di un bimbo. Ma il bambino lo sente e ne viene destabilizzato. Porre innanzitutto l'attenzione sul nostro stato d'animo può essere una buona scorciatoia per far ritrovare il giusto ritmo al nostro bambino.

Motivo n° 2

La mamma sta vivendo un disagio

Se l'osservare il ritmo esteriore e interiore può essere una scorciatoia, il prestare attenzione all'eventuale disagio della mamma possiamo dire che equivalga a servirsi di un Boing 747 per andare da una parte all'altra dello Stato invece di usare la bicicletta.

Natura vuole che lo stato d'animo della mamma sia legato a quello del bambino nei primi anni in modo INSCINDIBILE e INDIFFERENZIATO. Potremmo pensare a una Natura masochista e cinica mentre, anche in questo caso, è stata LUNGIMIRANTE.

Infatti, poter avere un legame così stretto e intimo con la propria madre nei primi anni, nei quali l'autonomia è ancora scarsa e il bambino è nel pieno della fase di crescita e di apprendimento, può essere da un lato garanzia di maggior sopravvivenza e dall'altro garanzia per la nuova creatura di poter assorbire più facilmente e in maniera diretta il modo d'essere che gli è necessario per diventare adulto. Se quanto il bambino assorbe è caratterizzato da un'emotività equilibrata, da pensieri efficaci e positivi, da una buona dose di maturità affettiva, neutralità e presenza, il messaggio che riceve e il bagaglio che incamera è libero dalla pesantezza che pensieri negativi, paure e dipendenze affettive producono. E se così non è? Allora il bambino assorbe inevitabilmente tutto il bagaglio materno, lo interiorizza e inizia a manifestare il disagio come se fosse proprio, pur non essendolo. La domanda più efficace che possiamo porci ad esempio quando il bambino si sveglia di notte urlando, quando è nervoso e non riesce a riprendere sonno è: "*Che cos'è che sta rendendo la mamma così nervosa, agitata, preoccupata e traumatizzata?*". La stessa domanda ce la possiamo porre anche quando diciamo che il bambino ha il "vizio" di succhiare al seno e non riusciamo a "staccarlo dalla tetta": "*Come mai la mamma ha difficoltà a staccarsi dal bambino? Di che cosa ha paura? Che cosa ha paura di perdere?*". Possiamo porci questa domanda dopo il compimento del primo anno del bambino: una volta che inizia a camminare e a mangiare da solo, e a essere più autonomo anche nel linguaggio, è possibile che non senta più la pressante necessità del latte materno. Anche il rapporto esclusivo e di amore che l'allattamento comporta inizia con il tempo ad assumere altri contorni e a basarsi su altri strumenti dati dalla relazione tra mamma e bambino. Teniamo a precisare che ogni nucleo mamma/bambino ha i propri tempi e i propri ritmi, e che il periodo che oscilla intorno al compimento del primo anno di vita del bambino è puramente indicativo.

Motivo n° 3

Mamma e papà non conoscono la natura del sonno del bambino, si preoccupano, si innervosiscono e questo il bambino lo sente

Senza conoscere la vera natura del bambino, è normale aspettarsi determinate cose quando invece ne vengano manifestate delle altre. Ad esempio, è possibile che il non dormire di notte non sia che un'espressione messa in atto da tuo figlio per esprimere parti di sé. Mentre noi crediamo che la normalità per lui sia dormire tutta la notte, iniziamo a temere per la sua salute, ad agitarci perché non capiamo quale sia il suo disagio. Da qui l'incomprensione: cerchiamo di mettere in atto soluzioni per un problema che non c'è, ci preoccupiamo per un problema che non esiste e diamo la responsabilità al bambino, anche se non ce l'ha. Così, invece di accoglierlo in un ambiente armonioso, osservarlo per comprendere il suo messaggio, ascoltare gli eventuali malesseri emotivi della mamma e risolverli, possiamo correre il rischio di farlo sentire incompreso, aumentando le sue paure e la sensazione di non poter essere sostenuto e accolto nei suoi bisogni primari. Questo aspetto non va mai sottovalutato perché il bambino non è un adulto e non vive come tale. Se noi adulti "sopportiamo" e "ce ne facciamo una ragione" o risolviamo le sfide quando ce le troviamo davanti, il bambino, in quanto tale, non ha ancora la capacità di farlo e sa che la sua sopravvivenza dipende totalmente dalle cure efficaci e dallo stato d'animo dei genitori. Il bambino subisce uno shock, vive un vero e proprio trauma che, se è vero che con il tempo e i giusti modi può essere superato negli anni successivi, è ancor più vero che possiamo impegnarci affinché il nostro intervento non ne sia la causa.

Meglio in compagnia

Per quanto ci crediamo più evoluti e per quanto lo siamo, per certe cose rimaniamo pur sempre dei mammiferi, quindi sensibili alle leggi ancestrali che governano il nostro comportamento: se distrattamente ci scottiamo, allontaniamo d'istinto la mano; il giorno ci inquieta meno della notte; spesso ragioniamo "a pelle"; se qualcuno ci fa "buuu!!" di soprassalto noi ci spaventiamo. Allo stesso modo, caso mai si presentasse nella nostra casetta un predatore affamato, se siamo anche solo un gradino sotto di lui nella catena alimentare e siamo dei cuccioli, preferiamo che a dormire con noi ci sia sempre qualcuno.

Le mamme di alcune popolazioni aborigene alle quali è stato fatto osservare che in Occidente i bambini hanno una loro cameretta, diversa da quella di mamma e papà, e che lì devono dormire, hanno risposto: «*Certo, che bella idea, ma almeno c'è qualche adulto che dorme con loro?*».

Anche la maggior parte delle mamme occidentali (statisticamente tutte quelle con cui ci siamo confrontati) esprimono la stessa perplessità. Infatti, pur seguendo il metodo del "dai un'occhiata e fuggi", attratte forse dall'ingannevole semplicità della teoria per la quale prima o poi i bambini devono abituarsi a dormire da soli, o semplicemente perché esauste da notti passate in bianco, le mamme sentono che il lasciare dormire da soli i propri figli non è corretto. Il mal di pancia rimane, anzi, generalmente aumenta e viene aggravato da un profondo senso di colpa e da un disagio

lacerante causato dal vedere il proprio cucciolo solo, in preda a un dolore per loro ingestibile.
L'impulso più naturale e efficace che si può provare in quel momento è dunque quello di prenderlo in braccio.

Eh sì, perché, da che mondo è mondo, un bambino accolto, protetto e rassicurato, si calma senza perdere fiducia nell'adulto, rafforzando indirettamente la sua AUTOSTIMA e il suo CORAGGIO.

Se lasciato da solo a gestire le sue paure ancestrali, non avendo ancora sviluppato le capacità autonome per farlo (che non sono capacità che si "imparano" o si "insegnano", bensì capacità innate che si sviluppano quando i tempi sono maturi) il bambino teme per la sua sopravvivenza, manifesta e vive un profondo disagio fatto di fragilità e paura, che lo rende e lo renderà insicuro, oltre che poco fiducioso nei confronti di mamma e papà che non sanno rispondere in modo efficace e naturale a un suo bisogno innato.
Quindi, facendo un baffo al detto, "*meglio in compagnia che da soli*", soprattutto se si tratta di sonno notturno e di bambini.

La ninna nanna inizia fuori dal letto

Non ti preoccupare, non dovrai iniziare a canticchiare "*ninna nanna, ninna oh*" già all'imbrunire o mentre mastichi l'ultimo

boccone della cena che, di solito, se hai un figlio piccolo, si sarà molto probabilmente raffreddato. Niente di tutto questo, ma una cosa sì: dopo l'ultimo boccone e magari anche al primo imbrunire, il pensare che da lì a poco o dopo qualche ora (dipende dall'età di tuo figlio e dalla stagione) tuo figlio andrà a nanna, può rivelarsi davvero un ottimo inizio. E sai perché?
Come ti anticipavamo nelle pagine precedenti, molto dipende dall'influenza che il ritmo della giornata ha su tuo figlio: se di sera il suo ritmo viene inavvertitamente alterato sarà per lui più difficile riuscire a scaricare l'energia accumulata durante il giorno e, di conseguenza, pur *ninnandolo*, spegnendo la luce, canticchiando tutto il nostro repertorio canoro, rimarrà acceso come una bella lampadina.

Quindi, l'ideale è che tu possa agevolare il suo sonno iniziando a rallentare il ritmo, diciamo, a partire dal dopo cena. Per esempio:

- Preferendo giochi tranquilli (disegno, costruzioni, bambole ecc.);
- Evitando di aumentare l'energia con giochi come nascondino o fare il solletico;
- Abbassando le luci;
- Evitando il caos (fretta, indecisione, discussioni, nervosismo di mamma e papà ecc.).

Inoltre, è ideale dare valore al rito che può coinvolgere il momento della nanna. Anche un rito che si ripete sempre uguale di sera

in sera, fornisce al bambino un riferimento che è sinonimo di sicurezza e che contribuisce a dare valore al suo ritmo interiore.
Per rito intendiamo per esempio la fiaba, piuttosto che la canzoncina, il bagno, il pigiama, le coccole e poi la luce spenta: ossia il modo che ogni nucleo familiare trova per agevolare il momento del passaggio armonioso dalla veglia al sonno.

Gli 11 falsi miti svelati sul sonno

Adesso che sappiamo queste cose, possiamo tornare all'elenco delle Idiozie e svelare l'inganno che nascondono. Prendendole una a una, vediamo insieme come sono in realtà opposte rispetto ai bisogni fisiologici dell'uomo.
Dopo ogni falso mito presentato troverai la sezione *La natura del bambino*, dove ti sveliamo la soluzione.

1° Falso mito sul sonno

In fatto di sonno bisogna parlare di educazione al sonno, perché è importante insegnare al bambino a dormire bene.

La natura del bambino

Il bambino è capacissimo di dormire, così come lo è di mangiare, di crescere e di imparare: a patto che gli si diano le giuste condizioni per poterlo fare.

2° Falso mito sul sonno

Il bambino deve poter sperimentare le sue capacità di autorilassamento. Solo educandolo correttamente diventerà un adulto in grado di calmarsi in autonomia.

La natura del bambino

Il bambino sarà un adulto in grado di rilassarsi solo se i genitori lo avranno fatto rilassare quando lui non era in grado di farlo da solo. Se parliamo di crescita da 0 a 21 anni, questo "da solo" può prendere nuovi significati e tempi differenti da quelli entrati a far parte del sapere comune, allungandosi da qualche giorno o qualche mese a qualche anno. Anche la calma non è una virtù che si insegna, bensì è uno stato naturale che il bambino si concede se percepisce armonia nell'ambiente circostante (di cui fanno parte anche pensieri ed emozioni di mamma e papà), se si sente accolto, amato e sostenuto. Invece, abbiamo troppa fretta! I bambini devono poter fare i bambini. L'infanzia è un loro diritto inalienabile, così come lo è il diritto all'amore. Questo diritto si manifesta anche come bisogno di contatto fisico e, soprattutto, di protezione. La fase di addormentamento è delicata per il bambino che si deve abbandonare all'ignoto. Infatti che lo voglia o meno, ogni notte è una piccola morte; in fondo non sappiamo se ci sveglieremo il mattino seguente e abbandonarsi al sonno richiede una grande dose di fiducia. Questa fiducia può essere trasmessa solo da mamma e papà attraverso la loro presenza fisica. Quindi, una *standing ovation* per il lettone e per il sonno condiviso! Se cerchiamo invece di spiegargli che deve dormire nel suo letto: primo non lo capisce (tuo figlio ha bisogno di concretezza e di esempi pratici); secondo lo capisce ancora di meno semplicemente perché tu stai forse prendendo fischi per fiaschi, gli stai proponendo una soluzione forzata, opposta alla vera soluzione per lui. Quindi, anche dire al bambino *che deve dormire nel suo letto, spiegando le motivazioni,* è tempo prezioso inesorabilmente perso perché lui non comprende e non memorizza le spiegazioni razionali e, in più, non è così "fesso" da accettare, arrendendosi al primo colpo, una soluzione innaturale e pericolosa per la sua incolumità.

3° Falso mito sul sonno

È vero che è bellissimo dormire tra le braccia di mamma e papà, ma il bambino deve essere educato fin da piccolo al fatto che ce la può fare da solo.

La natura del bambino

Il bambino diventerà autonomo solo se si sarà strutturato dal punto di vista affettivo in modo adeguato. Per farlo, dobbiamo velocemente allontanarci dall'idea che si impara soffrendo e grazie alle privazioni. Forse, questo lo hanno creduto i nostri genitori in passato, a causa di una vita fatta di forti disagi. Di certo, per quanto ci lamentiamo, non siamo affatto nella loro situazione e oggi, per chi le vuole cogliere, le possibilità per essere felici e per vivere nell'abbondanza le abbiamo a portata di mano. Se il bambino non vive nella sua infanzia un mondo di abbondanza e di possibilità, da adulto crederà che non esista e quindi non farà alcuno sforzo per andarselo a prendere, lamentandosi che la vita è ingiusta e ricca solo di povertà.

4° Falso mito sul sonno

Lasciatelo nella sua camera e all'inizio piangerà, urlerà, vi vorrà con lui: voi rimarrete fermi sulla vostra posizione; affacciatevi ma non toccatelo; ditegli che lo amate ma che deve imparare a dormire da solo. Nel giro di pochi giorni sarete una famiglia felice. Se riesci a non cedere alla tentazione di portarlo nel lettone bene, continua così e allunga i tempi tra una volta e l'altra in cui ti avvicini al lettino una volta che ha iniziato a piangere.

La natura del bambino

Come ti abbiamo anticipato nelle pagine precedenti, questa pratica è opposta alla natura del bambino. La nostra cultura ritiene sconvenienti le botte, le violenze sessuali, la negazione di cibo e vestiti a un bambino bisognoso, mentre mette in secondo piano tutti gli altri soprusi. Una società civile ed evoluta si riconosce da come tratta i bambini, dal modo in cui sa soddisfare i loro veri bisogni, soprattutto quelli affettivi che sono alla base della crescita fisica e intellettiva. Se vuoi proprio praticare qualcosa di simile, perdonaci la franchezza, la brutalità e la sfacciataggine: fallo con te stesso, lasciati piangere quando hai male, vivi nella paura senza fare nulla se hai timore di qualcosa, lasciati sgridare e umiliare dal tuo capo o da tuo padre, ma smettila di farlo con tuo figlio.

5° Falso mito sul sonno

Quella del lettone è un'abitudine malsana.

La natura del bambino

Quella del lettone è un'abitudine sanissima e prevista da Madre Natura. Se mamma e papà sono sereni, il bambino lo è altrettanto e a contatto con il calore di mamma si tranquillizza, trovando l'ambiente ideale per abbandonarsi al sonno (non vale nascondersi dietro la scusa: "*sono nervoso e quindi preferisco che dorma di là per non irritarlo e fargli del male*". Cura il tuo nervosismo e tieni tuo figlio con te: in fondo sei tu l'adulto e lui è il bambino).

6° Falso mito sul sonno

Restando vicino al bambino non lo stai aiutando, portagli piuttosto un po' di latte o un biscotto.

La natura del bambino

Compensare un bisogno affettivo con gli alimenti è il primo grande passo per creare nuove frustrazioni e turbe alimentari nel bambino, iniziando fin da subito a negargli un buon rapporto neutrale e naturale con il cibo. Approfondiremo questo aspetto più avanti nel capitolo sull'Alimentazione.

7° Falso mito sul sonno

Entro l'anno il bambino deve dormire da solo. Dormire nella stessa stanza di mamma e papà è pericoloso perché il bambino respira l'anidride carbonica che emettono, quindi anche la culla deve stare a giusta distanza dal letto. Inoltre, dietro il co-sleeping si cela il pericolo del surriscaldamento.

La natura del bambino

Queste sono le due "chicche" più divertenti che abbiamo trovato e abbiamo voluto inserirle per mostrare fin dove può arrivare la fantasia dell'uomo. Non hanno bisogno di essere commentate. Quante persone al mondo sono morte di intossicazione da anidride carbonica o a causa del surriscaldamento per aver dormito a fianco del proprio partner!?

8° Falso mito sul sonno

Dato che il lettone è tanto desiderato dai bambini deve diventare una cosa che si conquista o, al massimo, un'eccezione.

La natura del bambino

Dato che non viviamo in un regime militare, dato che la nostra casa non è un reparto di corpi speciali, possiamo bypassare questa abitudine. Basta con quest'idea dell'uomo floscio che deve diventare virile a suon di privazioni, premi e punizioni! Questo è un altro modo sottile e subdolo con cui umiliamo i nostri figli facendoli sentire a priori di scarso valore. Gli uomini e i bambini sono già saggi e consapevoli. L'unica differenza è che i bambini lo sanno mentre noi lo abbiamo dimenticato.

9° Falso mito sul sonno

Se lo addormenti in braccio, non ne vorrà sapere di dormire in altri modi e tu diventerai sua schiava.

La natura del bambino

Se una mamma si sente schiava del proprio figlio, le motivazioni vanno cercate in lei e non nel bambino. Se c'è equilibrio a livello emotivo, il bambino si sente rassicurato dalle braccia della mamma e la mamma si sente sicura avendo il proprio bimbo con sé. Anche qualora il bambino voglia stare sempre in braccio, pur avendo l'età per camminare, per esplorare e per essere maggiormente autonomo, molto spesso la motivazione dipende dal sentimento della madre che magari ha paura di lasciar andare suo figlio, oppure, come spesso accade, si sente vuota senza di lui. Il bambino lo sente e lo manifesta. Anche in questo falso mito, come in molti altri che abbiamo letto o sentito, si crea involontariamente una crepa tra adulto e bambino, per cui quest'ultimo viene additato come tiranno, capriccioso, pieno di pretese ingiustificate e il genitore viene eletto a baluardo in difesa di una teoria che vede i bambini come dei "disturbatori" e i genitori come vittime. Non è così.

10° Falso mito sul sonno

Se proprio non ci riesci, compensa con ciucci (anche più di uno nella culla o nel lettino), nanne e oggetti transizionali di vario tipo.

La natura del bambino

Abbiamo mai pensato seriamente al perché utilizziamo il ciuccio?

Abbiamo mai pensato seriamente al perché del bambolotto per la nanna? Se ci abbiamo pensato sul serio e se ci siamo osservati mentre infiliamo il gommino tra le labbra di nostro figlio o mentre gli diciamo che Pilli gli terrà compagnia, sappiamo che, se questi oggetti hanno un qualcosa di transizionale, hanno di certo anche molto di compensatorio. Infatti, per quale motivo mettiamo il ciuccio, se non perché smetta di piangere o si consoli pensando di succhiare una tetta? o perché non sappiamo come calmarlo? A volte ci sentiamo magari un po' inadeguati e possiamo compensare la nostra frustrazione zittendolo con un ciucciotto, per mettere a tacere al contempo il nostro senso di colpa con la scusa che ci stiamo prendendo cura di lui: "*infatti, guarda! ha smesso di piangere!*". Anche il destino di Pilli è segnato: sostituire l'amore e la presenza fisica di mamma e papà senza riuscire mai a essere considerato tale. Speriamo che almeno l'autostima di Pilli sia abbastanza forte!

11° Falso mito sul sonno

Se il bambino dorme nel letto di mamma e papà il rapporto di coppia viene compromesso e nessuno dei tre è felice.

La natura del bambino

Che peccato dare così poca fiducia alla coppia! Se la coppia ha difficoltà a ritagliarsi momenti di intimità o se si sente poco unita, il problema non è di certo il bambino che dorme nel lettone. Questa è una scusa bella e buona dei grandi.

Abbiamo poi anche sentito dire che *il sonno condiviso impedisce a tutti di dormire bene, limita l'autonomia dei bambini, distrugge la privacy dei genitori, nega a ciascuno l'individualità: spiegategli* (al bambino) *che dato che ognuno è una persona a sé ognuno dorme nella sua stanza e nel proprio letto.* E allora perché mamma e papà dovrebbero dormire insieme? Certo che siamo proprio strani!

Le 5 domande più frequenti sul sonno

E se ho più figli da mettere a letto?

È capitato spesso di sentirci sottoporre questa domanda dalle mamme in consulenza. Se si hanno due o più figli da mettere a letto, il momento della nanna può davvero trasformarsi in una lotta contro il tempo. Tutti vogliono le attenzioni di mamma, all'ultimo c'è chi vuole l'acqua, chi chiede di andare ancora una volta a fare pipì, chi non ne vuole sapere di lavarsi i denti, chi invece vuole giocare ancora e chi non vuole che la mamma o il papà vadano via. La mamma spera che arrivi la fata madrina, non tanto per trasformarla in una bella principessa e farla salire in carrozza, quanto per farla diventare un grosso polipo, così da aumentarle il numero delle braccia. E invece niente, il tempo passa, i minuti diventano ore e mamma si addormenta prima dei cuccioli oppure arriva stremata alla fine della maratona; ormai è tardi, ci sono magari ancora i capelli e i piatti da lavare, e il sogno di una mezz'oretta tutta per sé si infrange pietosamente come un'onda sullo scoglio. Così se le forze lo permettono, si torna al massimo a sperare nella sera successiva: "*speriamo che domani non facciano così!*". Peccato che, se noi per primi non cambiamo le cose, la sera successiva torneremo a ripetere la stessa scenetta, chiedendoci cosa abbiamo fatto di male, implorando pietà ai nostri figli e domandandoci che cosa abbiano e perché non dormano. Spesso la motivazione principale per cui la tirano per le lunghe (anche qui dobbiamo rivolgerci al piano affettivo) è che non riescono ad avere un momento esclusivo con il genitore che li porta a letto. Dovendo dividere l'amore e le attenzioni con altri fratelli, sentono di dover marcare il loro territorio e pretendere quanto gli spetta di diritto. Sovente lo fanno proprio come abbiamo descritto poco fa. Un'ottima soluzione è quella di portare a letto i bimbi separatamente. Si può iniziare dal più stanco, dal più piccino, da quello che non può essere lasciato solo mentre mamma o papà mettono a letto il primo, ecc. In questo modo, potendo essere presenti in quel momento in modo esclusivo per ciascun figlio, si riducono di molto i tempi e i bisogni di ogni bambino vengono soddisfatti. Questo concetto si collega al bisogno fisiologico tipico dell'egocentrismo che tratteremo più avanti.

Perché invece, se temo che non dorma, non posso farlo stancare?

È vero che quando i bambini hanno avuto una giornata intensa, crollano e si addormentano, magari addirittura ancor prima di cenare. Quello che spesso succede però è che i bambini non "funzionano" come gli adulti che, più fanno o più lavorano, più si stancano... anzi. I bambini, giocando e facendo attività movimentate, si caricano, si ricaricano di energia e, per rilassarsi e tornare alla calma (necessaria per riuscire a dormire), hanno bisogno di rallentare il ritmo piano piano, facendo ad esempio giochi tranquilli e vivendo in un ambiente anch'esso tranquillo. In questi casi, in generale, è utile se possibile evitare la televisione. Se invece non è possibile, sarebbe bene tenerla a basso volume e scegliere cartoni animati o programmi televisivi che non alterino la sensibilità del bambino e che non siano eccessivamente stimolanti (anche se i colori, la luce, la velocità dei fotogrammi un pochino incidono comunque).

La TV è anche un gioco tranquillo? Su di me ha un ottimo effetto soporifero...

In genere, sul bambino la televisione non ha un effetto soporifero, come hai letto poco fa. Quando lo ha, è perché il bambino può aver iniziato a imitare o ad assorbire un atteggiamento, un'abitudine del genitore, oppure perché "l'agitazione" della televisione è inferiore a quella che il bambino respira nell'ambiente di casa (comprese le emozioni e i pensieri di mamma e papà).

E se poi non andrà mai nel suo lettino?

Non conosciamo uomini o donne di vent'anni che dormano

ancora con mamma e papà, non ne conosciamo neppure di 16-17 anni che lo facciano, a meno che non sia successo qualcosa di particolare, ma si tratta comunque di episodi sporadici. I bambini seguono la loro natura e, se assecondati inizialmente nel loro bisogno di dormire insieme a un adulto per sentirsi protetti, naturalmente, crescendo, sentono l'esigenza di dormire in uno spazio tutto loro e di spostarsi in cameretta. Come spontaneamente iniziano a camminare e a parlare, potrebbero vivere questo passaggio con altrettanta spontaneità. Peccato che i fattori sonno e nanna siano vissuti dai genitori con un sacco di preconcetti e aspettative che influenzano negativamente la serenità del bambino, impedendo che questo passaggio di crescita avvenga in modo armonioso e senza traumi.

Se fin da piccolo un bambino ha la possibilità di dormire con mamma e papà, non diventa un rammollito, un viziato, un pauroso, bensì SI FORTIFICA e, a tempo debito, VEDRÀ AUMENTARE LA SUA SICUREZZA E IL GIUSTO SENSO DI AUTONOMIA.

Se invece gli togliamo il diritto all'infanzia, con tutto quello che comporta, allora sì che possiamo aspettarci fragilità e paure. Hai presente la nostra rigida mentalità di adulti? Bene, i bambini funzionano al contrario. Se lo sai, li riconosci. Ancora un suggerimento per il passaggio alla cameretta: fai in modo che la cameretta di tuo figlio non sia mai anonima, neppure negli anni in cui dorme con te. Evita di renderla un ripostiglio per poi trasformarla in cameretta velocemente nel momento in cui hai deciso che tuo figlio vada di là. Fai in modo che sia da sempre la sua cameretta e che lì, insieme a te, possa giocare durante il giorno, avere i suoi giochi e le sue cose. Spesso mi è capitato di assistere a questa difficoltà: il timore da parte del bambino di dormire nella sua cameretta causato dal fatto che questa si presentava per lui come un ambiente sconosciuto, poco vissuto, anonimo e poco rassicurante. Quindi, anche se il bambino si sentiva affettivamente pronto, sicuro e curioso per questo passaggio, quanto detto rappresentava un impedimento iniziale.

Siamo scomodi e mio marito deve andare a dormire di là, altrimenti si innervosisce. Cosa faccio?

Le cause delle tensioni, anche in questo caso, non possono essere attribuite al bambino. Se un adulto si innervosisce per qualcosa, la motivazione va cercata in lui e non altrove. Spesso ci si innervosisce semplicemente perché non si sa che i ritmi sonno/veglia del bambino sono molto diversi dai nostri, ci preoccupiamo quindi di quando lo vediamo risvegliarsi ogni tre per due e chiedere di poppare. Altre volte dobbiamo considerare le frustrazioni e le tensioni che accumuliamo durante la giornata, per cui un bambino che vuole il suo posto risulta soltanto una goccina a cui diamo la responsabilità dello straripamento. Altre volte, ancora, occorre valutare come la coppia sente e gestisce il ruolo di mamma e quello di papà. Se manca una buona intesa e non ci sono salde radici, è normale che l'uno o l'altra dinnanzi a un importante cambiamento della propria vita e nella gestione dei tempi, e degli spazi possa vacillare, con la conseguente difficoltà a sostenere la nuova realtà.

Caso pratico n°1
Voglio dormire nel lettone: l'esperienza di Giovanna ed Enrico (9 anni)

Qualche anno fa si era rivolta a noi una mamma, Giovanna, preoccupata per il figlio, Enrico che, nonostante avesse già 9 anni, pretendeva di dormire nel lettone tra lei e il suo compagno (che non era il padre naturale) e non c'era verso di poterlo convincere a stare in camera sua. Essendo che i dieci anni erano alle porte e che vedeva un qualcosa di quasi ossessivo nel comportamento del figlio, la donna iniziò seriamente a preoccuparsi.

Sviluppiamo insieme questo caso.

La via più breve per la soluzione è sempre quella di andare alla motivazione profonda per cui il bambino si comporta in un determinato modo. Quali potevano essere le motivazioni di Enrico per non voler dormire nella sua cameretta? Facciamo delle ipotesi:

- Forse vuole mettersi in mezzo perché non tollera la relazione della mamma con il nuovo compagno? (Sono insieme da quando Enrico ha quattro anni e con il padre biologico non ha un rapporto costante);

- Forse, avendo vissuto per i primi quattro anni da solo con la sua mamma considera la loro coppia indivisibile?
- Forse, avendo sempre dormito con la mamma, ha preso una cattiva abitudine e non può più farne a meno?
- Forse è una difficoltà che riguarda la mamma?

Oppure? oppure, se ascoltiamo la storia che Giovanna ci raccontò, possiamo trovare un'altra motivazione ancora, che calza perfettamente con quello che Enrico stava manifestando. Quando domandammo a Giovanna di raccontarci i primi anni di Enrico e di come lei si sentisse nel prendersi cura di lui, riuscimmo con chiarezza a ricostruire l'origine del messaggio del figlio. Giovanna, liberando tutte le sue emozioni e i suoi ricordi, ci confermò che, date le difficoltà iniziali, il sentirsi molto sola e soprattutto quasi esclusivamente orientata verso i suoi problemi e non verso quelli di suo figlio, aveva vissuto momenti molto difficili in cui si prendeva cura del bambino come poteva, facendo il meglio per garantirgli il necessario ma non certo badando a curare l'aspetto dell'accoglienza, dell'amore incondizionato materno, della presenza, della calma. Si sentiva molto insicura e inadeguata.

Per noi era chiaro: Enrico voleva semplicemente riprendersi quella fetta di infanzia che, per cause di forza maggiore, gli era stata

negata. Se da un lato era cresciuto e diventato un bimbo di nove anni, dall'altro una parte importante di lui era rimasta affettivamente legata a quegli anni e non era mai cresciuta, mai maturata, nella speranza di poter recuperare quel pezzettino fondamentale senza il quale sarebbe stato difficile crescere sentendosi sicuro, protetto e fiducioso.
Anche per Giovanna era chiaro. E, quindi, che fare? Di certo costringerlo ad andare in camera a forza, oppure cercare di manipolarlo con false promesse o con premi, non avrebbe giovato né risolto la situazione. Se invece andavamo a risolvere la motivazione di fondo, allora sì che potevamo augurarci con ottime probabilità di sanare quel vuoto e di permettere a Enrico di crescere affettivamente, di sentirsi sicuro... da lì il passaggio alla cameretta sarebbe stato automatico. Così abbiamo fatto. Come spesso accade, ci siamo fatti supportare anche dall'utilizzo dei fiori di Bach e degli oli essenziali, sia per la mamma che per il figlio, e poi abbiamo dato suggerimenti a Giovanna per poter sanare la mancanza provata da Enrico. A piccoli passi e con grandi risultati, ecco cosa ha fatto Giovanna da quel giorno:

- Non ha più insistito per cercare di far andare Enrico a dormire in cameretta;
- Ha continuato ad accoglierlo nel lettone come se quello fosse il suo letto, con gioia e senza impazienza o giudizio (come invece accadeva in precedenza);

- Ha ripristinato il rito della nanna che da tempo si era un po' perso, scegliendo insieme a Enrico ogni sera una storiella da leggergli sotto le coperte;
- Comprendendo l'importanza dell'accoglienza, di quel senso di amore materno che Enrico non aveva mai provato, Giovanna ha iniziato a essere più disponibile nei suoi confronti, a guardarlo spesso negli occhi, a coccolarlo di più, a rendersi sempre più pronta a soddisfare i suoi bisogni, a essere più presente sia a livello di tempo che a livello di qualità del tempo;
- Giovanna ha anche iniziato a coinvolgere durante il giorno Enrico nei giochi nella sua cameretta, in modo che lui potesse prendere sempre maggiore confidenza con essa e sentirsi sempre di più a suo agio al suo interno, così da renderla calda e vissuta anziché un mausoleo freddo e anonimo.

Con vari miglioramenti intermedi, nel giro di poco più di una stagione Enrico ha iniziato a dormire nella sua cameretta per tutta la notte. Se da un lato l'"obiettivo" era stato raggiunto, dall'altro Giovanna e Enrico avevano fatto molto di più: avevano sanato delle ferite profonde e si erano dati la possibilità di vivere insieme un rapporto migliore e maggiormente efficace per la crescita del bambino. Se Enrico aveva potuto sanare un vuoto, Giovanna si era data la preziosa possibilità di far maturare parti importanti di sé, di cui Enrico era stato uno specchio.

Se osservi la natura del tuo bambino scoprirai che…
come per tutti i cuccioli IL SUO POSTO È ACCANTO A UN ADULTO, **soprattutto di notte quando si sente naturalmente più** INDIFESO.

7

3ª Idiozia sull'Egocentrismo
Presta i giochini agli altri bimbi!

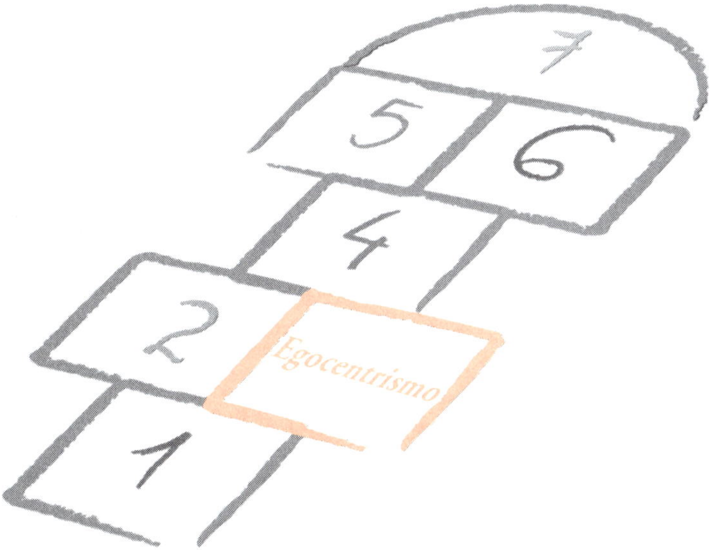

L'unico vero ostacolo alla grandezza di un bambino è la paura della grandezza. Eliminare questa paura è la strada che devi seguire per lavorare all'immagine che i tuoi figli hanno di se stessi.

WEYNE DYER

Che cos'è la fase egocentrica?

Quando nominiamo la fase egocentrica del bambino, quasi sempre pensiamo a quei momenti noiosi e irritanti in cui nostro figlio vuole tutto, è appiccicoso, non ci sembra affatto autonomo, si atteggia a principino di casa, ci appare un egoista e ci fa preoccupare perché abbiamo la sensazione che diventerà un gran viziato, incapace di rispettare gli altri e le regole. Se non sappiamo che cosa in verità sia la fase egocentrica, è normale farci trascinare da questa visione distorta e da queste inutili preoccupazioni.

Diciamo che per un adulto può valere l'appellativo sarcastico e un po' offensivo di "egocentrico", perché da un adulto, in teoria, non ce lo aspettiamo. Non dovremmo vedere adulti che parlano sempre e solo di se stessi, adulti capricciosi che vogliono questo e quello (e, soprattutto, pretendono di faticare poco per averlo), adulti che non vogliono essere interrotti quando parlano, che vogliono mille attenzioni dalle persone care che hanno intorno, che prendono tutto sul "personale". Eppure ne è pieno il mondo. E sai perché? Perché pochi di noi hanno potuto vivere la vera fase egocentrica a tempo debito.

Tutti i bambini anelano a vivere questa FASE FISIOLOGICA di EGOCENTRISMO nei loro primi anni di vita; lo desiderano così tanto perché sanno che ne andrà del loro futuro e che viverla in modo completo oppure no può davvero fare molta differenza.

Se il bambino, accompagnato da mamma e papà, riesce a viverla in maniera completa e soddisfacente, intorno ai 7-8 anni (non è così schematico e dipende dal bambino) si sente sicuro di passare alla fase successiva, di integrare nuovi aspetti di sé e di proseguire lungo il suo cammino di crescita.

Le conseguenze emotive di chi non vive la fase egocentrica

La fase egocentrica è così importante che dovremmo stenderle un lungo tappetone rosso, passare con i cestini di petali di rose e dedicarle come minimo un monumento nelle piazze e un altare votivo nelle case. Ma perché tutta questa importanza?
Perché i bambini, così come hanno bisogno dell'aria che respirano, così hanno bisogno di vivere il loro sano e naturale egocentrismo per non essere egoici, egoisti e carenti sul piano affettivo da adulti e, soprattutto, per non passare il resto della loro esistenza a rincorrere questa tappa mancante, con il rischio di perdere la preziosa opportunità di diventare individui maturi in grado di realizzare se stessi in autonomia e gioia. E non solo.

Il non vivere la fase egocentrica nei giusti tempi rende il bambino INSICURO, pieno di PAURE, FRAGILE e lo fa sentire INADEGUATO, bisognoso di amore, sia durante l'infanzia che negli anni successivi.

Il grave pericolo che si cela dietro l'impossibilità di vivere questa fase è che il bambino, ragazzo o adulto che sia, rimane totalmente dipendente dagli altri sia a livello affettivo che pratico e materiale, vivendo in funzione di ciò che gli altri sentono e pensano di lui, con il faro puntato costantemente verso l'esterno e mai verso l'interno. Non avendo potuto costruire una propria individualità, il ragazzo o l'adulto restano proiettati verso l'esterno, tanto da rendere impossibile o comunque molto faticosa un'inversione di rotta che permetta di scrutarsi interiormente per iniziare a conoscersi e a camminare con le proprie gambe, sviluppando le competenze necessarie per andare verso l'autonomia.
È vero che i bambini vogliono tutto, che vorrebbero sempre stare con un adulto, che sono poco autonomi ecc. ma per loro è naturale! Perché le cose possano iniziare a girare in loro favore, dobbiamo per forza andare oltre tutto questo e guardare i bambini in modo differente. Dobbiamo sforzarci di andare oltre i nostri giudizi, i nostri preconcetti e considerare queste manifestazioni del bambino come reali bisogni profondi, anziché come vizi e capricci. Dunque, che cos'è che caratterizza questa fase egocentrica che a volte terrorizza i grandi, che da loro del filo da torcere, eppure fa così tanto bene ai piccoli?

La fase egocentrica:

È un diritto inalienabile di tutti i bambini

I bambini devono poter essere bambini e vivere serenamente la loro infanzia fatta di giochi, coccole e attenzioni. Capiamo che molti di noi non sappiano neppure cosa voglia dire, ma non per questo dobbiamo privarne i nostri figli. Anche se per noi non è stato così quando eravamo piccoli, possiamo impegnarci e diventare garanti di quella che dovrebbe essere una normalità. Ne trarremo beneficio anche noi in prima persona. Ad esempio, quanti adulti riscoprono la gioia, il gusto per il tempo libero, proprio grazie ai figli?

Ne hanno bisogno per strutturare la loro individualità

Un bambino ha la possibilità di conoscere se stesso solo attraverso quello che mamma e papà quotidianamente gli rimandano, come se fossero per lui uno specchio. Non ti sei mai chiesto come mai, qualsiasi cosa facciano, prima di iniziarla ti dicono "*mi guardi?*", oppure, appena fanno un disegno, te lo portano? Non lo fanno per sentirsi dire "bravi", ma perché solo attraverso il tuo sguardo e il tuo sentire possono sapere chi sono e se sono sulla giusta strada. Peccato che troppe volte quello che da noi arriva è lo sguardo del giudizio, del giusto o dello sbagliato, di quello che fa piacere o comodo a noi!

È fondamentale perché possano maturare un senso di abbondanza e di possibilità che sarà loro molto utile in futuro, quando saranno adulti

Proprio perché vivono l'abbondanza da bambini, potranno essere adulti capaci di tirar fuori tutto dal loro sacco (un po' come per la borsa di Mary Poppins), di trovare soluzioni, di vivere di possibilità, di crederci e di saper superare i propri limiti interiori e, anche, quelli esteriori dovuti all'ambiente, di vivere le sfide della vita come tali e non come problemi. Per abbondanza non intendiamo tanti giocattoli, tanto denaro, tante case, tanti vestiti, tanto tempo con mamma e papà. Per abbondanza intendiamo invece un mondo dove tutto è possibile e, quando non lo è, io genitore trovo la soluzione e accolgo il tuo disagio; un mondo dove per te c'è sempre spazio, un mondo a tua misura; un mondo dove puoi sempre dire la tua ed esprimere i tuoi bisogni sapendo che verranno soddisfatti, dove puoi dire quello che provi perché sarai sempre accolto e mai giudicato; un mondo dove tu sei prima di tutto e la cosa più importante è che tu possa ESSERE, con a disposizione tutto ciò che ti serve per farlo... dove il dover fare e il dover apparire perdono totalmente di importanza.

Inoltre, in questa fase egocentrica, il bambino:

Si sente al centro del mondo

Vede soltanto i suoi bisogni, che per lui sono prioritari e immediati. Non può comprendere che dobbiamo ancora scaldare il latte, mettere su la pasta, che siamo stanchi o nervosi per il lavoro, che è una giornata no o che non si può uscire perché piove. È divertentissimo, per esempio, vedere come dopo aver sbattuto contro un mobiletto, se la prendono con il mobile perché non doveva essere sul loro tragitto. L'egocentrismo è anche questo! Tutto è suo, perché tutto può diventare uno strumento da utilizzare per diventare grande, per crescere. Tutto è suo semplicemente perché tutto è a disposizione per la sua realizzazione, così come per noi adulti tutto è predisposto per il nostro benessere e per il nostro successo, se solo ci permettessimo di fare senza autointralciarci con pensieri limitanti e rancori. Diventerà un bambino rispettoso dell'altro se per primo avrà avuto un esempio di rispetto e se gli adulti che si sono occupati della sua crescita lo avranno rispettato. Se non gli permettiamo di vivere questa fase non lo stiamo rispettando, inutile poi dire: "*saluta*", "*ascolta la nonna, mi raccomando*", "*bisogna portare rispetto alle persone più grandi di te*", "*non buttare la carta per terra*", "*se non mangi tutto non mi rispetti, ho cucinato con tanto amore*" ecc.

Vive il presente

Immerso nel suo mondo di bisogni, scoperte, intuizioni e sperimentazioni, il bambino vive concentrato in un eterno presente (anche per questo in teoria si fa molti meno problemi dell'adulto). Qui bussola e orologio sono dati da tre elementi: il ritmo, i riti quotidiani e gli adulti che si occupano di lui e che gli fanno da guida, mettendosi a sua disposizione ed evitandogli responsabilità e preoccupazioni. Più viene trattato in questo modo e più imitandoci vorrà prendersi poco alla volta piccole responsabilità, che diventeranno sempre più grandi nel tempo e, soprattutto nel tempo giusto: "*apparecchio io*", "*i calzini voglio metterli io nel cassetto*", "*la posta la prendo io*" ecc.

I bisogni sono per lui impulsi e li vuole soddisfatti il prima possibile

Quante volte abbiamo detto o sentito dire "*aspetta un attimo!*". Lo abbiamo detto a qualsiasi età abbiano avuto i nostri figli, una volta per il latte, un'altra per il pranzo, un'altra ancora mentre stavamo parlando al telefono... È vero che possiamo non avere mille braccia e mille occhi, ma è pur vero che possiamo rispondere in modo diverso, per esempio "*certo amore, quando l'acqua bolle butto la pasta, vuoi venire a vedere?*". Oltre al fatto che, e qui lo dobbiamo proprio dire, ci sono un sacco di occasioni in cui potremmo smettere di fare quello che stiamo facendo e accogliere le sue richieste. Non sempre succede, e questo per due motivi. Il primo è un po' più sottile e subdolo: perché mio figlio deve averla vinta? Due bambini egocentrici che si fanno la lotta, dunque, ed è più comune di quanto tu possa pensare. Il secondo è che, secondo noi, nostro figlio deve imparare la pazienza, perché nella vita chissà quante volte dovrà aspettare. Peccato che tuo figlio impara la pazienza solo se ha visto te essere paziente con lui, quindi tanto vale modificare il registro.

Tuo figlio impara la pazienza solo se ti ha visto
ESSERE PAZIENTE CON LUI.

Tutto è suo, dal gioco alla calcolatrice di papà, dalla propria casa al parco giochi

È così... anche se questo va contro i nostri ideali e oltre certi limiti che possiamo tollerare; è così. Più accogliamo questo suo modo di vedere la realtà e più lo assecondiamo, più creeremo un adulto altruista, responsabile e consapevole dei bisogni e dei diritti altrui. Perché? Perché ha potuto trovare un ambiente in sintonia con le sue necessità, nel quale far sbocciare la sua natura individuale. ma non solo: perché nell'infanzia avrà già fatto il pieno per sé e avrà la sensazione di avere già tutto sul piano affettivo. Questo lo porterà a non sporcare il treno pensando che sia suo, a non buttare la carta per strada credendo di essere nel proprio salotto, a non manipolare gli altri per condurli dove vuole lui (perché contano solo le sue emozioni), a non prendersela con il sistema se le cose vanno male e a fare tutto il possibile per migliorare la propria vita e andarsi a prendere i suoi sogni con le sue sole forze e con la fiducia in se stesso (riuscendoci!).

È felice se si sente amato e soddisfatto

Non sono le ricchezze e l'abbondanza esteriori a renderlo soddisfatto e nemmeno la pancia piena o il corpo al caldo quando fa freddo. Tuo figlio è sereno quando si sente amato. Per questo il libro che stai leggendo tratta di Idiozie: perché troppo spesso lo amiamo ma glielo mostriamo nel modo sbagliato. Crediamo di fare determinate cose per il suo bene, mentre invece le nostre azioni non sono in linea con quello di cui lui ha veramente bisogno.

Impara imitando e sperimentando le sue intuizioni

In questa fase un bambino non riesce a essere un cagnolino ben addestrato che si mette seduto, che all'udire il comando o alla vista del biscotto fa quello che gli si dice. Non riesce neppure a essere un fresco cadetto sull'attenti, che subisce tutto il discorso del generale e poi mette in pratica quanto appreso. In questa fase, tuo figlio assomiglia di più a un furetto che va di qua e di là: un momento è in un modo e il momento dopo in un altro, vive in un mondo veloce, pieno di richieste e di voglia di fare. Anche se trascorre del tempo giocando con l'i-pad o guardando la TV, non perde la voglia di giocare all'aperto, d'intrattenersi con cose semplici e di scoprire. Se invece ciò sta accadendo, probabilmente ci sono sotto motivazioni profonde di carattere affettivo che non possono essere ignorate.

Non se ne fa nulla degli insegnamenti e delle giustificazioni…

Perché funziona esclusivamente sulla base dei suoi bisogni, dei suoi stati d'animo e di come mamma e papà li vivono. Il bambino si sente appagato e noi abbiamo fatto un buon lavoro se:

1. Lo amiamo mettendo tutto il resto a un livello più basso e secondario. Avrà tutta la vita per imparare! Se vive la fase egocentrica imparerà velocemente, grazie agli ottimi strumenti sviluppati, per far fronte alla vita; altrimenti se questo manca, sarà a sua volta costretto a imparare per prove, errori e "mazzate";

2. Soddisfiamo i suoi bisogni, quando possibile, nel momento in cui li manifesta;
3. Ci lasciamo imitare;
4. Facciamo più cose possibili con lui;
5. Evitiamo di giudicarlo e di etichettarlo;
6. Anche quando non possiamo soddisfarlo nell'immediato, evitiamo le spiegazioni del perché sì e del perché no, e corriamo invece ad accogliere la sua frustrazione.

Vuole essere compreso e amato per quello che è

Se lo giudichiamo spesso, se commentiamo di continuo quello che fa, se gli spieghiamo ogni cosa, se anticipiamo con i nostri insegnamenti il suo desiderio di scoperta, stiamo tarpando le sue ali.

I 15 falsi miti svelati sull'egocentrismo

Che cos'è che ci annebbia da anni la vista, per cui certe cose dei nostri figli non le vediamo? Che cos'è che ci annebbia la mente per cui agiamo, senza saperlo, non in linea con i bisogni affettivi del bambino? Vediamo cosa abbiamo trovato e sentito in giro, perché anche in questo caso "qualcosa" c'è.

1° Falso mito sull'egocentrismo

"Aspetta un attimo, non ci sei solo tu!"

La natura del bambino

Dal punto di vista dell'adulto è vero. Ma il bambino, non essendo un adulto, non è ancora arrivato a queste conclusioni, a questa capacità di riconoscere i bisogni degli altri. Quindi, se ci capita, valutiamo per prima cosa se davvero non possiamo mettere il suo bisogno davanti al resto e davanti agli altri, oppure se è soltanto una questione di principio o di una nostra presa di posizione. Se invece proprio dobbiamo dire di no, c'è modo e modo. Il modo che a tuo figlio piace è quello che prende in considerazione i suoi sentimenti.

Va bene dover dire di no, ma quello che davvero INFASTIDISCE IL BAMBINO È DI NON SENTIRSI COMPRESO E ACCOLTO.

Perciò potresti ad esempio, rispondere in questo modo. Siete a una festa di compleanno e vi chiedono di mettervi in fila per la torta. Tuo figlio inizia ad agitarsi perché la vuole subito e prima degli altri. Invece di dirgli di smetterla e di avere pazienza potresti dirgli: "*so che vuoi anche tu quella fetta di torta e che ti piace un sacco. Adesso te la prendo e te la porto, così la mangi tutta la tua bella fettona!*". Se con calma ti avvicini al tavolo, aspetti il vostro turno e prendi la fetta, tuo figlio rimarrà sereno. La stessa cosa potrebbe per esempio succedere se non servi prima lui a tavola durante i pasti in famiglia, il principio è il medesimo.

2° Falso mito sull'egocentrismo

"E a mamma chi li dà i bacini?"

La natura del bambino

Mamma è grande e può darseli da sola, se desidera, oppure richiederli ad altri adulti. I bambini diventano generosi solo se in questa fase ricevono, ricevono e ricevono. Se ricevono in modo adeguato sono loro i primi a proporsi per coccolarci, sia per imitazione sia per mostrarci il loro amore. Se invece li pretendiamo da loro, gli trasmettiamo un senso di non abbondanza. Prima hanno bisogno di ricevere e, mentre ricevono e ne fanno il pieno, imparano a condividere l'abbondanza. Ogni cosa a suo tempo. Se diamo l'esempio del donare in abbondanza, quando i frutti saranno maturi raccoglieremo ciò che abbiamo seminato.

3° Falso mito sull'egocentrismo

"Dai un pochino il gioco anche al tuo amichetto, mica ti abbiamo insegnato a essere così egoista!"

La natura del bambino

Questa fase si chiama egocentrica a ragion veduta: il bambino considera tutto una sua proprietà e si sente al centro di tutto. È la sua natura intrinseca a volere questo per lui, perché si tratta di un passaggio iniziale fondamentale: quello di costruire la sua individualità, di sapere che esiste. Se la natura continua a farlo sentire un tutt'uno con la sua mamma o a non farlo distinguere dall'ambiente, questo non avviene. È come se ci mettessimo sotto un grande riflettore: se siamo sotto il suo fascio di luce siamo illuminati e ben visti, ma se ci spostiamo oltre, nel buio, nessuno ci vede e neppure vediamo noi stessi. Ed ecco che per Natura il bambino in questa fase ha bisogno di stare sotto il riflettore e di poter considerare tutti gli elementi esterni a sua disposizione. È naturale, quindi, che quando si va al parco o alla scuola materna lui consideri suoi tutti i giochi, che voglia stare davanti, e iniziare per primo. Dunque: come fare quando ti trovi nell'impiccio di dover gestire un osso tra due cani, ovvero un gioco tra due bambini che attraversano la stessa fase egocentrica? Ti diamo qualche suggerimento:

Se ne hai la possibilità, evita di metterti nei casini: non lasciare che i bambini si debbano gestire da soli ma intervieni come guida e mediatore. Se possibile porta più giochi con te, frequenta spazi dove ci siano più altalene e più dondoli; se hai un asilo nido o una scuola materna, fai il possibile affinché ci siano meno giochi ma tutti uguali, in misura al numero di bambini (15 bambini: 15 palle rosse, 15 pupazzi uguali, 15 set di cubetti uguali ecc.).

Il giudizio: se ti trovi a gestire una lite per "l'osso", ti suggeriamo vivamente di non giudicare tuo figlio per il suo egoismo, perché tale non è. Contrariamente a quanto saresti portato a fare, quando il tuo bambino litiga con un altro bambino per un giocattolo, devi dirgli che ha ragione, che lo capisci e con dolcezza restituirgli ciò che gli appartiene.

Nel caso in cui ti trovassi poi solo a gestire questa situazione, dovrai fare in modo che nessuno dei due contendenti si senta giudicato, accusato o meno importante dell'altro. Per il bambino è questo ciò che conta: se si sente accolto e non prevaricato da qualcun altro, per lui non sarà un problema rinunciare a un giocattolo.

4° Falso mito sull'egocentrismo

"Nella vita mica puoi solo giocare, alzati e vieni ad apparecchiare la tavola!"

La natura del bambino

Certo che anche a noi di tanto in tanto farebbe bene prendere la vita giocando. Peccato che siamo diventanti così seri! È chiaro che viviamo anche i momenti in cui dobbiamo essere seri, riflessivi, stare all'erta, nei quali misurarci responsabilmente con le prove della vita. Il bambino sa che sarà così, anche perché vede noi adulti farlo tutti i giorni. Soltanto che la Natura ha previsto che il gioco, unito alla fantasia, siano le modalità elettive per l'apprendimento, soprattutto durante la fase egocentrica.

Quindi, se vogliamo che il bambino impari a fare determinate cose (di solito è questo il motivo per cui si chiede di apparecchiare, di riordinare, di ascoltare il volere dei genitori ecc.), dobbiamo farle con lui e PROPORLE ATTRAVERSO IL GIOCO.

Ad esempio, si può pulire la nave dei pirati o la casa dei folletti; si può apparecchiare la tavola inventando ogni giorno un modo nuovo per piegare i tovaglioli o per sistemare le posate, insieme e con gioia. In questo modo, il bambino impara a vivere e fa sue le nostre consuetudini culturali. Con il senso del dovere si ottiene poco. Anche perché l'unico senso del dovere sano che dovrà sviluppare sarà quello nei confronti di se stesso e del suo disegno di vita. Fatto questo, non potrà che essere rispettoso anche degli altri.

5° Falso mito sull'egocentrismo
"Guarda tuo fratello, non fa mai come te!"
La natura del bambino

I giudizi e i paragoni rischiano di minare la sua fiducia e la sua stabilità emotiva. Chissà perché gli adulti ogni tanto lo fanno? Forse perché lo hanno subito o visto fare da bambini, forse perché sperano che serva da sprone? Non lo sappiamo. Ciò che è certo è che può in verità può rivelarsi dannoso. Hai mai pensato a come il bambino si può sentire? Se non ti sei mai messo nei suoi panni, proviamo a spiegartelo noi: si sente umiliato (l'adulto lo sta mettendo alla gogna, un po' come la "sedia della riflessione"); si sente tradito "*allora preferisci lui a me!*"; la stima in se stesso crolla perché acquista fiducia solo se noi per primi gliela diamo. Con frasi di questo tipo, anche se scappano e anche se non sono dette di proposito, causiamo nel bambino la perdita di fiducia e alimentiamo le sue paure che prenderanno il sopravvento. Evitiamo dunque qualsiasi etichetta e qualsiasi paragone. Non servono. Rifletti:

come ti senti tu quando qualcuno ti paragona agli altri sminuendoti? E quando i tuoi genitori lo facevano con te come ti sentivi?

Perché facciamo i paragoni con i nostri figli?
Quando i tuoi genitori ti SMINUIVANO,
paragonandoti agli altri, come TI SENTIVI?

6° FALSO MITO SULL'EGOCENTRISMO

Non deve sempre aspettare che il mondo esterno provveda ai suoi bisogni.

La natura del bambino

È vero, non sempre e sicuramente non per sempre. Ma se non gli facciamo vedere come si fa, come potrà cavarsela da solo? E, infatti, non potrà farlo. Se invece nella prima fase della sua vita, ossia per tutta la sua fase egocentrica, siamo noi a soddisfare i suoi bisogni, allora potrà maturare sicurezza e provvedere a se stesso in autonomia. Se pretendiamo tutto questo con troppo anticipo, il bambino rischierà di essere un adulto debole e alla continua ricerca di aiuti e conferme. Questo non vuol dire che ti devi trasformare in uno zerbino, ma che puoi iniziare a osservare e comprendere quando tuo figlio ha bisogno del tuo aiuto (anche dal punto di vista affettivo e non solo perché una scatola va messa in alto e lui non ci arriva). Allo stesso modo, dovrai capire quando i tempi saranno maturi: ma sarà lui stesso a farti comprendere che vuole provare da solo. Nella fase egocentrica, anche se si matura a piccoli gradi (poiché il cambiamento graduale nel corso degli anni), è più probabile che tuo figlio richieda di essere prima autonomo in tutti gli aspetti che riguardano le scoperte e il gioco mentre, solo in seguito, ti domanderà di potersi rendere indipendente per riordinare, dormire da solo, aiutare il fratellino ad attraversare la strada…

7° Falso mito sull'egocentrismo

Se state pensando a cosa è meglio per vostro figlio la mia risposta è un ambiente su misura per lui, con tanti coetanei e persone qualificate per aiutarlo a crescere.

La natura del bambino

Quando abbiamo letto questa frase, la prima cosa che ci siamo chiesti è stata: "*Perché persone qualificate? Mamma e papà non sono qualificati per aiutarlo a crescere?*". Il testo si riferiva ad asili nido e a scuole materne che, per fortuna, oggi esistono. Con entrambi i genitori al lavoro, l'impossibilità di poter pagare una tata o di avere nonni e parenti a disposizione, li rende a volte una benedizione. Però, ci spaventiamo e ci preoccupiamo un pochino quando sentiamo lodare queste strutture come unico luogo in cui il bambino possa imparare (ci chiediamo: a casa non ha giochi, oggetti? persone adulte che interagiscono con lui, che lo amano? con cui imparare?), oppure perché solo lì potrà socializzare o apprendere a farlo. Anche in questo caso siamo fuori tempo. Nel periodo egocentrico il bambino socializza volentieri se c'è la mediazione di un adulto e, comunque, a quest'età il bambino deve essere in particolar modo amato e poter vivere il suo sano egocentrismo. Se si trova costretto al confronto precocemente, oltre a svalutarsi per non essere in grado di gestire le situazioni, svilupperà un vuoto affettivo ogni giorno più grande, difficile da colmare e, da grande, avrà sempre la sensazione che gli manchi qualcosa, non sarà autonomo affettivamente e cercherà sempre l'attenzione esterna per poter riempire questo baratro esistenziale.

8° Falso mito sull'egocentrismo

Per i bambini l'asilo è come per noi il lavoro.

La natura del bambino

Non proprio. Ci spiace per chi fa un lavoro che non ama e, soprattutto per chi non riesce a trovare lati positivi in quello che fa ci spiace che si facciano questi paragoni. Sai perché? Perché purtroppo il "lavoro" così inteso è ormai entrato nel vocabolario comune con una accezione negativa. Chi ama il proprio lavoro, infatti, non lo definisce come tale. Chi ama il proprio lavoro è in ferie tutto l'anno. Quindi il bambino in nessun caso lavora, né quando gioca, né quando aiuta mamma a stirare, né quando aiuta papà a sistemare il tubo del lavandino. Il bambino non considera un lavoro neppure il nido. Se ci va volentieri lo reputa un buon passatempo, un compromesso accettabile finché la mamma non ritorna, accettando di adattarsi. Se, invece, non ci va volentieri, piange e si ammala ogni tre per due: lo percepisce come un posto scomodo, stretto, freddo... in cui, nonostante la compagnia si sente solo, smarrito e in guerra contro tutti. Ma non di certo un lavoro. Possiamo dunque abbandonare l'abitudine di paragonare le situazioni dei bambini a quelle degli adulti, perché il confronto non regge.

9° Falso mito sull'egocentrismo

Non temere che tuo figlio si senta abbandonato, gli stai permettendo di imparare a cavarsela da solo.

La natura del bambino

A quanti anni? Questa frase si riferiva a bambini in fase egocentrica e quindi rispondiamo che non se la possono cavare da soli. Hanno bisogno di un adulto che risolva per loro le difficoltà permettendogli di farsi imitare e di gettare le basi perché un giorno questa capacità si sviluppi in automatico e in autonomia. Questo non vuol dire che dobbiamo stare con il fiato sul collo dei bambini o diventare genitori assillanti e iperprotettivi. Hanno bisogno di poter sperimentare, provare, sbagliare, correndo dietro alle loro curiosità innate. Quindi possiamo, anzi dobbiamo, lasciarglielo fare serenamente, restandogli accanto e intervenendo se li vediamo in difficoltà, fornendogli il nostro aiuto senza imporci. Ti facciamo un esempio pratico. Una mamma ci ha raccontato ciò che osservava quando giocava con il figlio di circa due anni e quando era invece il marito a giocare con lui. Lei era solita adottare un atteggiamento naturale, come quello descritto poco sopra. Il suo compagno invece, se ad esempio un cubetto non entrava nel posto giusto, tendeva a spiegare al bambino come fare e a "pretendere" che lui imparasse subito a fare le cose nel modo più corretto. In questo quadro familiare che cosa c'è che non va? Non ti sembra che il papà metta l'attenzione sul risultato perdendo di vista il senso del gioco e della scoperta? È proprio quello che la mamma ci ha confermato. Questo "errore" lo facciamo un po' tutti: abituati a vivere nell'era della performance, puntiamo al risultato anziché sull'emotività del bambino, sul suo percorso di apprendimento. Per ritornare all'esempio di prima possiamo semplicemente lasciarci osservare mentre infiliamo il cubetto al suo posto e, se nostro figlio all'inizio non riesce a imitarci alla perfezione, possiamo ridere insieme, dicendogli che va tutto bene e che la prossima volta entrerà. In questo modo gli trasmetteremo fiducia in se stesso e faremo passare il messaggio per cui i tentativi non sono errori. Anche Edison prima di scoprire il meccanismo che diede origine alla lampadina fece un sacco di tentativi e, ogni volta si trattò semplicemente di: «*Scoprire un altro modo in cui non si crea la lampadina!*».

10° Falso mito sull'egocentrismo

Dovrà aiutarti a scegliere i vestitini.

La natura del bambino

Tutti siamo portati a credere che far scegliere il bambino, lasciare che sia lui a decidere possa essere un buon modo per dargli spazio, per essere certi di fare quello che desidera. Questo è vero in parte e ora ti diciamo il perché. È bene soddisfare i bisogni del bambino, certo, ma quella di delegare a lui la scelta in questa fase di crescita può rivelarsi un'arma a doppio taglio. Infatti, nei primi anni, il bambino sa molto bene cosa desidera ma è affettivamente poco maturo per poter sostenere la responsabilità di una scelta, anche quella che a noi può sembrare la più banale: "*che ne dici, andiamo al parco?*"; "*Quale vuoi? Quella rossa o quella gialla che ti ha regalato la zia?*"; "*Che cosa facciamo? Andiamo più tardi dalla nonna?*", "*Che ne dici? Pesto o pomodoro?*". Sappiamo che possono sembrarti domande innocue, ma vogliamo che tu possa comprendere fino in fondo le conseguenze delle scelte per il bambino. Innanzitutto per lui non sono semplici scelte come per noi adulti, hanno un peso più importante per chi, come lui, non è abituato. In più in questa fase ha bisogno di essere per prima cosa guidato e rassicurato. Se invece si sente schiacciato dal peso della scelta, ciò che penserà: "*Oh mamma! Se per una cosa così semplice i miei genitori si mostrano tanto insicuri da dover chiedere a me che sono un bambino, cosa faranno in caso di pericolo? Cosa faranno se arriva di notte il lupo cattivo?*". Questo genera in lui insicurezza e potrà anche accadere che nel lungo termine si mostrerà insicuro, oppure che tenderà a controllare in modo esagerato l'ambiente circostante, fidandosi solamente di quello che sceglie personalmente e facendoci domande quali: "*Dove stiamo andando? Perché non me lo hai detto prima? E cosa facciamo quando arriviamo? Perché dobbiamo farlo adesso?*". Quindi, il suggerimento che ti diamo è di fare quello che è in linea con i bisogni e i desideri del bambino, senza per forza doverlo mettere davanti a una scelta. Ad esempio, se sai che tuo figlio ama andare al parco piuttosto che al campetto sportivo, sceglierai il parco e gli dirai: "*Mettiamoci tutti e due la giacca che usciamo, si va al parco!*". In questo modo agirai rispettando un suo desiderio e, allo stesso tempo, ti mostrerai sicuro nella tua figura di guida. Questo genererà in tuo figlio fiducia nei tuoi confronti e sicurezza. Quando sarà più grande, ad esempio una volta uscito dalla fase egocentrica, sarà lui stesso a proporre morbidamente le sue volontà e a discuterle serenamente con te.

11° Falso mito sull'egocentrismo

Fate tanti complimenti.

La natura del bambino

Sinceramente non abbiamo mai capito che cosa differisca tra il demonizzare le punizioni e il lodare il metodo dei complimenti. A una lettura superficiale potrebbe effettivamente sembrare che ci facciamo una figura migliore: invece di sgridare, punire e alzare la voce, sorridiamo, ci complimentiamo e diciamo a nostro figlio quanto è stato bravo. Ma se ci spingiamo oltre la superficie, lo scenario che abbiamo difronte è ben diverso. Infatti, se partiamo dal punto di vista della natura del bambino, che ha come bisogno primario quello di essere amato e accettato per quello che è senza manipolazioni, ecco che anche il complimento fatto per il bel voto, per aver detto grazie, per aver chiesto scusa, per essersi "comportato bene", per aver riordinato senza fiatare, per aver fatto il bravo, sono tutti atteggiamenti per nulla neutrali. Manipolano la natura del bambino indirizzandola verso la rotta che noi vogliamo e trascurandone l'essenza e i sentimenti.

I COMPLIMENTI valgono soltanto se fatti di continuo e INDISTINTAMENTE in tutte le situazioni, anche quelle che noi genitori distratti giudicheremmo con il bollino rosso.

Perché tuo figlio è speciale sempre, qualsiasi cosa faccia. Superiamo il giudizio e andiamo incontro al suo sentire e alle sue motivazioni.

12° Falso mito sull'egocentrismo

Spiegate ai bambini che i giocattoli vanno condivisi, che è più bello giocare insieme che da soli, che comprendiamo la loro rabbia ma che quel bambino ha preso il gioco prima di te.

La natura del bambino

Adesso che ti sono più chiari i principi della fase egocentrica, puoi notare anche tu quanto sia difficile invece per un bambino in questa fase poter condividere i suoi spazi e le sue cose con altri coetanei.

È difficilissimo perché il territorio è suo (tutti i territori in cui si trova a passare o a soggiornare, anche se non sono la sua casa) e tutte le cose sono sue (anche quelle che in teoria appartengono ad altri bambini). Diventa possibile la convivenza solo se c'è un adulto in grado di mediare fra i loro bisogni.

13° Falso mito sull'egocentrismo

Per soddisfare i bisogni affettivi si può ricorrere a peluche, bambole, marionette.

La natura del bambino

Peluche, bambole e marionette sono utilissimi perché importanti per sviluppare la curiosità del bambino, per permettergli di sperimentare situazioni nel mondo della sua fantasia prima che si concretizzino nella realtà ecc. Ma peluche, bambole e marionette non servono come surrogati di mamma e papà, ossia per colmare bisogni affettivi. Con le bambole si gioca e con i genitori si soddisfa il bisogno di amore. Per quanto riguarda la teoria dell'oggetto transizionale, se per caso dovesse avere un senso, non possiamo utilizzarla per nasconderci dietro di lei quando anticipiamo troppo le tappe, ad esempio proponiamo l'orsetto o il ciuccio nella culla al posto del contatto con la mamma, oppure comprando miriadi di giocattolini nella speranza che nostro figlio giochi da solo a un anno, perché noi abbiamo altro da fare.

14° Falso mito sull'egocentrismo

Lasciategli piccole responsabilità:
a diciotto mesi può già insaponarsi da solo.

La natura del bambino

Allora possiamo lasciare che a due anni vada a comprare da solo il pane (tanto sa camminare e farsi capire), che metta su il pentolino per riscaldare la cena (tanto quando era in vena di scoperte ha imparato ad accendere il gas), possiamo fare in modo che a quattro anni sia responsabile dei suoi panni sporchi e dello zainetto della scuola materna (tanto quando vuole le cose le sa fare eccome!). Ovviamente stiamo scherzando. In questa fase il bambino va guidato e rassicurato. Possiamo parlare di piccole e poi sempre più grandi responsabilità soltanto una volta superata la fase egocentrica. Ma è importante per te sapere che se gli permetti di imitarti, di fare le cose insieme a te divertendosi, non avrai bisogno di insegnargli le regole o le buone abitudini, perché lo farà già da solo in autonomia anche a partire dai tre-quattro anni (vestirsi, lavarsi, aiutare ad apparecchiare, riordinare i giochi ecc.). Quindi, quello che tuo figlio impara a fare in modo armonioso è frutto della sana imitazione e del suo desiderio di provare, di sperimentare e di riuscire. Quando invece è frutto di una regola, di un condizionamento o di una volontà indotta dall'adulto allora è un po' come forzare la crescita delle fragole e farle trovare nel banco frigo a marzo: sono tutte rosse, belle grandi, ma quando le porti a casa e le assaggi non sanno di nulla!

15° Falso mito sull'egocentrismo

Intorno ai due anni inizia la vera socializzazione.

La natura del bambino

Forse siamo fuorviati dal fatto che i bambini per amore della loro curiosità e del senso della scoperta, nei primi anni iniziano ad aprirsi di più alle cose del mondo, ma non facciamoci trarre in inganno. Infatti, il bambino può iniziare a socializzare e magari ha anche voglia di farlo, ma si sente sereno e sicuro se con lui c'è un adulto in qualità di mediatore, nel ruolo di colui che è pronto a proteggerlo e a difenderlo in caso di difficoltà (dobbiamo pensare con la mente di un bambino: così facendo i livelli in cui posizioneremo le difficoltà cambierà). Solo uscendo naturalmente dalla fase egocentrica il bambino maturerà la capacità di rapportarsi in modo armonioso con i suoi coetanei senza che l'adulto intervenga. Se ci fai caso, di solito i bambini giocano più volentieri e senza difficoltà con bambini più grandi di loro (che considerano adulti), mentre possono scatenare episodi conflittuali con i coetanei, oppure mostrare gelosia per i bambini più piccoli (soprattutto se si tratta del fratello minore).
E a proposito di fratelli…

Mio fratello è figlio unico: i conflitti tra fratelli

Eccoci qui ad affrontare un tema molto caldo, che spesso i genitori ci sottopongono in consulenza e nei corsi. Questo è un argomento che conosciamo molto bene e nel dettaglio, e che ci viene anche dalla nostra esperienza nel centro per bambini in affido. Infatti, quando si trascorre molto tempo con bambini di età diverse, genitori differenti, che vivono insieme e diventano come fratelli, all'inizio, quando c'è ancora tanta rabbia da sbollire, le tensioni sono all'ordine del giorno. I conflitti tra fratelli sono molto frequenti, ma non si può dire che siano benvisti dai bambini, né che loro si divertano nell'esserne coinvolti e, tanto meno, che facciano parte dei piani di Madre Natura.

I fratelli litigano tra loro e si "fanno le scarpe" non certo per rafforzare il loro carattere né per rinvigorire il loro rapporto. Litigano perché si vivono come nemici, dicono di volersi bene perché sanno che a noi fa piacere sentircelo dire e, anche se in fondo c'è un pizzico di verità, alla fine ha la meglio l'impulso istintuale di mantenere la supremazia sul proprio territorio. In queste condizioni poter trattenere la valanga di emozioni che li travolge, diventa quasi impossibile.

Addentriamoci un po' meglio in questa selva oscura, in questa chioma di ricci tutti annodati. Per districarla dobbiamo per prima cosa vedere bene dove sono i nodi, capire che tipo di pettine ci serve e se dobbiamo usare il balsamo. E, di solito, se si tratta di conflitti tra fratelli, il balsamo bisogna usarlo per forza...

Accantonando le metafore, che cosa prova il bambino quando vive un conflitto con il proprio fratello? Che cosa prova di così doloroso da dover mettere in atto azioni vendicative, di ripicca, di disturbo?

Quando nostro figlio rimane per qualche anno figlio unico e arriva poi un fratellino oppure una sorellina, in particolare se sta attraversando la fase egocentrica (come accade nella maggior parte dei casi), queste sono le situazioni che può trovarsi a vivere:

- Finché vede la mamma con il pancione che cresce, tutto va abbastanza bene e il bambino vive la favola raccontata da mamma e papà. Quando invece il nuovo nato arriva, ecco che tutto cambia: il primogenito inizia a capire come stanno le cose veramente e vede che deve dividere i suoi spazi e soprattutto l'amore e le attenzioni di mamma e papà, con un altro individuo (anche se per noi adulti non è così).

- A volte, invece, i disagi si fanno sentire già durante la gravidanza della mamma. Ci sono bimbi, ad esempio che manifestano maggior nervosismo o faticano a dormire di notte (proiettando e manifestando il disagio e le eventuali preoccupazioni o i sensi di colpa della mamma).

- Il primogenito si vede "espropriato" dei suoi diritti e le domande che si pone, che non sono certo razionali e consapevoli ma derivano da quello che sente nel profondo, sono queste: "*perché a mamma e papà non sono bastato?*"; "*che cosa ho sbagliato per cui non gli piaccio abbastanza e hanno avuto bisogno di qualcun altro?*". È chiaro che non siamo noi a generare volontariamente questo genere di sentimenti, ma se li trascuriamo rischiamo di vedere le cose a metà e di non riuscire ad aiutare nostro figlio in modo efficace.

- Può anche capitare che sia il secondogenito a scatenare il conflitto. Questo si verifica ad esempio quando il bambino si sta annoiando; quando, in un'età in cui è ancora difficile giocare da solo e per lungo tempo, vede nel fratello più grande un quasi-adulto che rappresenta un valido sostituto di mamma e papà... In questa situazione il fratello maggiore si può irritare e infastidire e iniziano così i fuochi d'artificio.

Ci scherziamo su, ma le ferite emotive che i bambini provano non sono affatto da prendere sottogamba e vanno OSSERVATE per poter essere SANATE e superate.

Il modo più efficace per venire incontro ai sentimenti feriti dei nostri figli è quello di non pretendere che vadano per forza d'accordo. Sappiamo che può sembrarti forte quello che scriviamo, ma se non si parte da questo punto essenziale non possiamo passare al passo successivo, ovvero quello di lasciare che ciascuno dei nostri figli viva serenamente la sua fase egocentrica e possa sentirsi figlio unico. Anche se noi diamo a entrambi, o comunque a tutti i nostri figli in generale (se sono più di due), lo stesso amore, le stesse attenzioni, anche se abbiamo lo stesso riguardo, è possibile che loro non percepiscano la stessa cosa. E poi non saremmo forse del tutto sinceri se negassimo il fatto che uno dei nostri figli in particolare ci fa da specchio più degli altri, che ha dei modi che, pur non sapendo il perché ci irritano di più, che facciamo più fatica a gestirli e a tollerarli. Siamo stati educati a trascurare questi due aspetti fondamentali e a vedere la fraternità in maniera distorta. Questi che seguono ne sono degli esempi:

1. Arriva il fratellino, finalmente non sarai più solo;
2. Convincetelo dell'assoluto vantaggio che un fratellino può dargli: ha solo bisogno di tempo per adattarsi;
3. Lasciate che il primogenito possa prendersi cura del secondogenito, così che si instauri un buon rapporto;
4. È nel litigio che nasce il confronto, litigando affermano la loro personalità e si preparano per le relazioni future, imparando a instaurare relazioni positive;
5. I bambini sono in grado di risolvere il conflitto da soli;
6. Prendete le difese solo se avete assistito all'inizio della tenzone e sapete di chi è la responsabilità;
7. "*Io vado di là, voi parlatene e trovate una soluzione*";
8. Se la competizione viene vissuta come confronto positivo, può rivelarsi costruttiva;
9. Le liti tra fratelli disturbano tutta la famiglia e magari anche i vicini. Il vostro compito non deve essere quello di impedirgli di litigare, quanto quello di evitare che mettano a soqquadro la casa e che si facciano male;
10. Le liti tra fratelli dovrebbero riguardare solo loro;
11. Intervenite quando si saranno calmati.

Che cosa ci chiede invece la natura del bambino? Ci chiede innanzitutto di rispettare il suo bisogno di unicità e di comprendere il suo disagio profondo senza fermarci all'apparenza. Ora vediamo cosa possiamo fare per metterci dalla sua parte ed essere efficaci nel nostro ruolo di genitori di più bambini:

- Facciamo sentire ogni nostro figlio come figlio unico: dedichiamo del tempo esclusivo a entrambi così da fargli fare il pieno di attenzioni, cosa di cui hanno immensamente bisogno nella fase egocentrica;
- In caso di liti, consoliamo gli afflitti ma dedichiamo la nostra immediata attenzione a chi il conflitto lo ha innescato, perché è lui che in verità si è sentito ferito. Se così non fosse stato, non avrebbe dovuto scaricare la sua frustrazione generando il litigio;
- Osserviamoci e facciamo di tutto per essere neutrali nei loro confronti;
- Evitiamo i paragoni;
- Evitiamo di pretendere che seguano l'uno le orme dell'altro o che abbiano gli stessi interessi;
- Riferiamoci a loro chiamandoli con il proprio nome, anziché ricorrere a nomi comuni: "*bambini fate questo*", "*bimbi si esce*" ecc.

Caso pratico n° 2

Sabrina e la lotta per la nanna tra Samuel (7 anni) e Gabriel (3 anni)

Sabrina si era rivolta a noi perché aveva difficoltà nel gestire le continue richieste di attenzioni da parte dei suoi due figli, Samuel e Gabriel, e pur provando a dedicare attenzioni esclusive a entrambi, il tempo era sempre troppo poco per poterlo fare in modo adeguato. Ci siamo fatti raccontare come si svolgeva una giornata tipo al fine di trovare momenti in cui dedicare ai due figli spazi esclusivi. Durante il racconto, Sabrina ci confessò che uno dei momenti più difficili per lei era quello dell'andare a letto: per non doverci impiegare delle ore, li prendeva tutti e due con sé e, cercando di dividersi un po' tra uno e l'altro, tentava di farli addormentare. Questo le richiedeva a volte anche più di un'ora: c'era chi voleva ancora un po' d'acqua, chi chiedeva l'ultimo bacino, chi la mano, chi aveva nel frattempo perso il sonno, chi invocava la ninna nanna e chi invece una storia. Alla fine, Sabrina crollava esausta vedendo infrangersi il sogno di potersi mettere ancora sul divano a guardare un po' di TV. Sabrina, mettendo a letto insieme i bambini, credeva di risparmiare tempo, mentre invece noi eravamo convinti che ne avrebbe rispiamato davvero dedicandosi prima all'uno e poi all'altro. Perché? Semplicemente perché andando a letto uno alla volta entrambi i suoi figli avrebbero potuto fare quel pieno di amore e di attenzioni, che gli avrebbe permesso di addormentarsi serenamente e di non sentire quel vuoto interiore incolmato.

Quindi suggerimmo a Sabrina di portarli a dormire separatamente, partendo magari dal più stanco o da quello che da solo a giocare in salotto non era in grado di stare (per motivi di lavoro, infatti, non sempre c'era il marito a darle una mano). Nell'accompagnare un figlio a letto, le consigliammo inoltre di dedicarsi a lui completamente, senza altri pensieri per la testa e senza sensi di colpa o ripensamenti per il figlio che restava da solo di là. Facendo il possibile per essere presente con corpo, cuore e mente, il bambino si sarebbe sentito molto appagato e maggiormente predisposto ad abbandonarsi al sonno e alle eventuali indicazioni di mamma. Sabrina, disposta a tentare il tutto e per tutto al fine di risolvere la situazione, sebbene poco convinta del metodo proposto, decise di provare con impegno e costanza. A distanza di qualche giorno ci scrisse e, con grande soddisfazione ci confessò che le cose andavano molto meglio, che riusciva a volte anche in una ventina di minuti a farli addormentare entrambi e che poteva finalmente rilassarsi sul divano quasi tutte le sere. Con immensa gioia ci disse che la situazione tra i due fratelli iniziava a migliorare anche di giorno.

Caso pratico n° 3
Sofia (10 anni) e l'abracadabra dei suffumigi

Questo caso te lo facciamo raccontare da Roberta che, a proposito di divertirsi nel far fare le cose ai bambini, si è trovata qualche mese fa a mettere in pratica il metodo dei suffumigi proprio con la sua nipotina.

Iniziamo. Sofia aveva un brutto catarro e quel giorno si trovava con me. Avevamo qualche compito da fare e iniziammo tra un colpo di tosse e una soffiata di naso. Dal mio punto di vista urgevano i suffumigi! «*No, madrina, non li faccio! Hanno un gusto cattivissimo quelli dentro quella macchinetta...*». Risposi: «*Non so di cosa stai parlando!... Io mi riferisco alla sacra arte dei suffumigi, quella che fanno le streghe e le maghe dalla notte dei tempi! Quale macchinetta e macchinetta, qui bisogna prendere il pentolone, le pozioni magiche e la bacchetta!*». Ero e mi sentivo molto coinvolta mentre lo dicevo (iniziando a divertirmi...!) e lei mi guardò tra lo stupito e l'affascinato, esclamando: «*Davvero?! Facciamolo!*». Bene. Finimmo velocemente l'esercizio, ritirammo i quaderni e iniziamo a prendere una pentola alta (il pentolone magico), un cucchiaio di legno (la bacchetta magica) e degli oli essenziali per liberare il naso (gli ingredienti per la pozione): eccoci pronte a giocare alle maghe! Con tanto di velo sulla testa (l'asciugamano da cucina che ci sarebbe servito per coprire la testa abbassata sui vapori della pentola riempita d'acqua e messa a scaldare) iniziammo a brandire la bacchetta intonando formule magiche. Una volta pronta l'acqua, spostammo la pentola sul tavolo e, con una buona dose di magia, mescolammo la pozione annusando i fumi del prezioso elisir... Andammo avanti, avanti e quando l'acqua ormai tornò tiepida e Sofia aveva già scaricato il naso a dovere, fu proprio lei per prima a chiedermi di continuare...

Ecco come anche la somministrazione di rimedi per la salute, se proposti con una modalità in linea con la fase di crescita ed emotiva del bambino, diventano occasioni di gioco!

Se osservi la natura del tuo bambino scoprirai che…
per essere un adulto sereno e autonomo ha bisogno di vivere i suoi primi anni al CENTRO DELLE ATTENZIONI, di SENTIRSI AMATO, non giudicato e di sapere che è PERFETTO così com'è.

8

4ª Idiozia sulle Regole
Perché non mi ascolti? Te l'ho già spiegato 1000 volte!

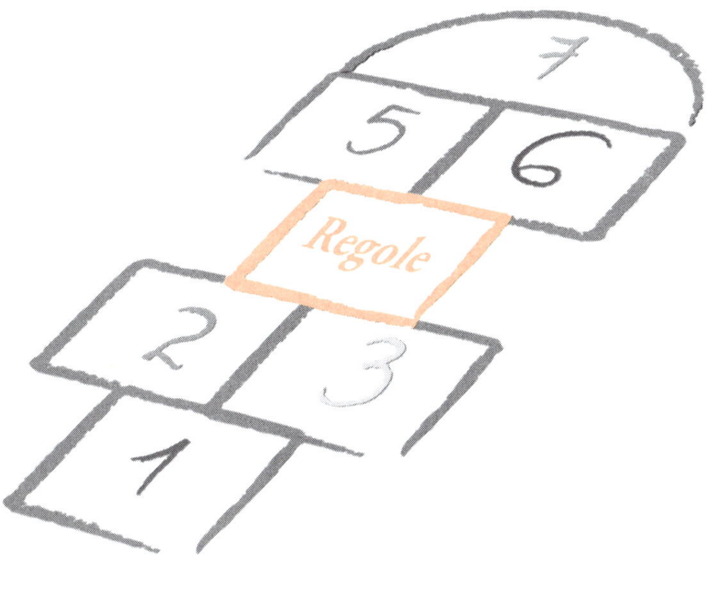

Mio padre non mi ha insegnato a vivere.
Semplicemente viveva e mi permetteva di osservarlo.
Clarance B. Kellaud

- “Fai il bravo!”
- “Comportati bene!”
- “Speriamo che tu sia educato!”
- “No, guarda che così non mi piaci.”
- “Se mangi tutto ti do la caramella.”
- “Solo altri 5 minuti…”
- “Ascoltami!”
- “Vieni subito qui!”
- “Vai a lavarti i denti!”
- “Ti ho detto no!”
- “Così non si fa!”
- “Lì non devi andare!”
- “Ringrazia e chiedi per piacere.”

Ti suonano familiari queste frasi? Chissà quante volte le hai sentite per strada, in casa di amici oppure, nel leggerle ti sei accorto mentre leggi che a volte fanno parte anche del tuo linguaggio e della relazione che hai con i tuoi figli. Perché sentiamo troppo poco spesso o diciamo troppo poco invece frasi come queste?

1. “Divertiti!”
2. “Sei felice?”
3. “Come ti senti?”
4. “Speriamo che riesca a essere se stesso e speriamo di riuscire ad aiutarlo in questo.”

5. “Speriamo che impari ad ascoltarsi e di riuscire a sentire sempre i suoi bisogni.”
6. “Non hai più voglia di finire quello che c’è nel piatto? Secondo te come mai?”
7. “Che cosa è successo, amore?”

In più, se i bambini avessero una capacità razionale già sviluppata e un’ottima proprietà di linguaggio, probabilmente ci direbbero (e spesso lo fanno):

- “Mamma, basta urlare!”
- “Perché mi sgridi? Non l’ho fatto apposta. Se lo avessi saputo avrei evitato di mettermi nei pasticci.”
- “Perché mi accusi? L’ho fatto perché mi sono sentito in pericolo, perché avevo bisogno di sfogarmi.”
- “Papà, puoi parlarmi con più calma?”
- “Perché non riesci a stare davvero con me? Perché pensi sempre ad altro?”
- “Ma chi è questo tizio al quale che vuoi tanto che assomigli e che citi come esempio tutte le volte in cui mi dici che non va bene quello che faccio, che dico o che esprimo?”
- “Perché devo sempre fare quello che è bene per te e tu sfrutti un po’ troppo spesso i bonus a disposizione per non fare quello di cui io ho veramente bisogno?”

Perché noi adulti recitiamo le battute che hai letto poco sopra, anche se queste risultano alla fin fine dannose per i bambini? Soprattutto considerando il fatto che non solo sono dannose per i bambini ma rappresentano anche una fonte enorme di stress per entrambi, figli e genitori: il rapporto si irrigidisce, viene meno la fiducia e aumentano le fragilità di entrambi e le tensioni. Nonostante questo, lo facciamo comunque, perché è quello che direttamente (da studi scientifici, esperti, riviste, TV, libri ecc.) o indirettamente (come riflesso incondizionato dell'educazione dei nostri genitori, a loro volta inconsapevoli) abbiamo imparato e assorbito dall'ambiente. Oltre a questo, ci sono tre motivazioni profonde per cui agiamo in questo modo. Se ci osservassimo davvero, a volerlo o meno queste verrebbero fuori.

Le 3 motivazioni profonde che portano i genitori a imporre le regole

- **Vogliamo insegnare ai nostri figli le regole** per stare al mondo e crediamo che questo sia il modo più giusto (o meglio, spesso è l'unico che conosciamo) per educarli.
- **Vogliamo che gli altri pensino bene di noi** e avere figli che vanno bene a scuola; che siano dei bambolotti che dove li metti stanno; che dicono sempre grazie, prego e per piacere così che le persone ne siano positivamente colpite.

Dato che abbiamo un senso di autostima basso, ecco che utilizziamo i figli e i loro risultati per COMPIACERCI, GRATIFICARCI e per dirci che almeno qualcosa di buono, nella nostra vita, lo abbiamo fatto.

Sarebbe più opportuno in questo caso affittarci un personal coach (adesso vanno anche tanto di moda...) o fare dei corsi motivazionali privati, così da non far fare gli straordinari ai bambini, permettendogli di rimanere nel loro ruolo di diritto e nulla più.

- **Vogliamo avere meno problemi possibili da gestire.** A causa delle carenze affettive che abbiamo e del mancato sviluppo della nostra completa autonomia, a volte incontriamo serie difficoltà nel gestire gli imprevisti, i problemi non sono sfide ma macigni che ci stressano, abbiamo paura di sbagliare, ci sentiamo inadeguati e sogniamo perennemente quell'Eldorado di felicità e semplicità dove ogni cosa è perfetta. Ma questo Eldorado, se ce lo avessero fatto vivere nell'infanzia, non andremmo a cercarlo ora in maniera così compulsiva, anzi, probabilmente non avrebbe mai smesso di far parte del nostro mondo interiore, indipendentemente dagli eventi esterni. Per non provare tutto questo, speriamo che meno imprevisti possibili arrivino a costellare le nostre giornate.

Approfondiamo questi ultimi tre punti. Anche se non siamo soliti interrogarci in merito, crediamo che almeno una volta nella vita queste domande possiamo porcele:
Perché vogliamo che i bambini imparino "le regole"? Quali regole e secondo chi? I nostri figli potrebbero forse farne a meno?

In verità, vogliamo che i bambini imparino delle regole perché crediamo che quello sia l'unico modo per riuscire a ottenere da loro un comportamento adeguato, soprattutto per quando saranno adulti e si dovranno confrontare con il mondo esterno e con altre persone.

Temiamo che possano non aver appreso tutte le strategie che permetteranno loro di sopravvivere in questo mondo che consideriamo spesso pericoloso, ingiusto e difficile. Percepiamo l'esterno e la vita come terreni di battaglia e in più ci fanno credere che generalmente, a meno che non si tratti di un colpo di fortuna, siamo troppo deboli per affrontarlo: meglio rassegnarci! Altre volte invece, sempre per condizionamento, crediamo che l'omologazione sia la via più facile e quindi riteniamo che le regole possano abituare il bambino a diventare quell'essere intiepidito, insipido e che davvero dove lo metti sta, così che incontri meno problemi possibili. Perché, si sa, la ribellione può rivelarsi scomoda e causare tanti grattacapi. Peccato, però, che sovente confondiamo la ribellione del bambino con il suo tentativo di essere se stesso, a discapito dell'omologazione.

Se cerchi di omologare i bambini otterrai ribellione e perdita di fiducia

Tutti i bambini sanno di essere nati per essere se stessi, per conoscersi e per manifestare il proprio progetto di vita. Se l'adulto tenta in tutti i modi di omologarlo a uno schema o a un "si è sempre fatto così" ottiene due cose:

Conseguenza n° 1
La ribellione

Il bambino continua a mettere in atto tentativi, a volte ribelli, per cercare fino all'ultimo di dirti che stai sbagliando, che non lo devi omologare alle tue credenze ma che devi sostenerlo affinché possa essere se stesso. E se essere se stesso significa non finire tutto il cibo che ha nel piatto perché ce n'era troppo, perché vuole andare a giocare, perché invece di mangiare vuole stare con te perché gli manchi o perché ti vive troppo poco, ben venga. Se essere se stesso vuol dire prendere brutti voti a scuola (perché il metodo di insegnamento non risuona nelle sue corde, perché quella materia non è un suo talento), ben venga.

Conseguenza n° 2
La perdita della fiducia

Il bambino perde totalmente la fiducia in se stesso e nei genitori. Se cerchiamo di omologarlo a un prestampato che abbiamo nella nostra testa per il solo fatto che crediamo che sia giusto o perché anche noi ci adattiamo a modelli esterni o precedenti, lui percepisce di non valere, di non essere quello che tu vuoi che sia. Dato che la seconda cosa fondamentale che ogni bambino desidera è quella di essere amato incondizionatamente da mamma e papà, mette sotto le scarpe se stesso a favore del loro amore. Facendo questo, rinuncia a conoscersi e a manifestarsi (cosa che lo porterà a essere infelice, sfiduciato e arrabbiato) e perde fiducia e stima in mamma e papà, perché dovrebbero proteggerlo e sostenerlo nel suo intento e non lo stanno facendo. Anzi, lo giudicano, lo vogliono uguale a un qualcosa che lui non è.

Viviamo impregnati di una cultura che porta ancora con sé il retaggio di un sistema di regime, dove le stesse norme applicate in una caserma si riteneva fossero idonee anche per l'ambiente famigliare: con le ristrettezze e con la forza si potevano ottenere uomini forti, donne sottomesse, potere, fama e gloria. Ahimè, tutto sbagliato e tutto da rifare. Un disegno di questo tipo, come non porta a nulla nel mondo, non porta a nulla neppure nel mondo interiore del bambino.

A causa di questo modello crediamo che i bambini siano VASI VUOTI da riempire di modi di fare, di regole, di buoni comportamenti; crediamo che premi e punizioni servano per raddrizzarli, che i complimenti gli tirino su il morale e gli rafforzino lo spirito e che le restrizioni siano l'unico strumento che abbiamo per fargli capire chi comanda e perché, forse, attraverso il PATIMENTO imparano la lezione.

Abbiamo paura che senza tutto questo nostro figlio o i bambini in generale diventino degli "uomini-lupo" come Victor de l'Aveyron o come altri che hanno anche ispirato, ad esempio Jean Jack Rousseau. Perché Victor è diventato un bambino-lupo, perché è diventato un "selvaggio"?

Non di certo perché non ha ricevuto un'educazione fatta di regole e buone maniere, impostata, ripetuta nel tempo, premiata e elogiata. Victor è diventato un uomo-lupo perché ha semplicemente fatto quello che per natura fanno tutti i bambini: ha imitato l'ambiente, ha assorbito in modo incondizionato tutto quello che è arrivato ai suoi sensi e lo ha preso per buono. Questo è uno dei motivi per cui facciamo così fatica a dare le regole ai bambini, a farle rispettare e a imporre un nostro modello di "bravo bambino". I bambini non vogliono appartenere a modelli ma vogliono essere se stessi, rispettando i principi naturali di vita e di condivisione che appartengono all'uomo e alle altre specie viventi.

SE I BAMBINI NON RISPETTANO NOI E IL NOSTRO MODELLO, per cui ci appaiono come dei trasgressori, lo fanno giustamente, PERCHÉ QUANTO NOI PROPONIAMO NON RISUONA CON LA LORO NATURA. **Sanno che a lungo andare sarà nocivo per la loro crescita e** FANNO TUTTI I TENTAVI POSSIBILI, CON IL LINGUAGGIO VERBALE E NON VERBALE **e con gli strumenti che hanno a disposizione** PER FARCELO CAPIRE **e per darci la possibilità di essere anche noi diversi e più vicini alla nostra natura di genitori.**

La famiglia insieme a tutti gli ambienti in cui il bambino cresce non devono essere ambienti militareschi e neppure ambienti democratici (anche questo oggi va molto di moda...), perché l'ambiente in cui il bambino si esprime è semplicemente "naturale": per essere efficace a breve e a lungo termine, deve poter rispettare i principi di Natura che fanno crescere il bambino senza sforzo e facendolo sentire amato, e fanno sì che anche noi lo educhiamo senza sforzo, con gioia e gratitudine. In un ambiente naturale, la crescita del bambino e l'armonia del rapporto con i propri genitori avviene naturalmente, perché ognuno conosce il proprio ruolo, sa cosa fare, quando farlo e come farlo, senza dover ricorrere a stratagemmi, manipolazioni, premi, punizioni, compravendite di amore ("*se fai così non ti voglio più bene*"; aggrottare le sopracciglia se qualcosa cade per terra o si rompe, manifestare dispiacere o disapprovazione per un brutto voto, lodare e festeggiare il bel voto). Troppo spesso confondiamo questi metodi con "l'Educazione", ma fanno invece parte dell'Istruzione, ovvero di un tentativo di inserire all'interno del bambino codici, schemi, regole, senso del giusto e dello sbagliato. Educare, viceversa, comporta il tirar fuori quello che il bambino ha già naturalmente dentro di sé, senza sforzo. Sai perché diciamo "senza sforzo"?

Perché se iniziamo con pazienza a osservare il bambino, ci accorgiamo che è lui con la sua trasparenza, la sua innocenza e la sua consapevolezza a farci capire quello di cui ha bisogno per diventare un adulto maturo, sano, consapevole e felice. Noi "grandi" abbiamo perso l'abitudine di stare davvero con i bambini, di sentirli, di guardarli negli occhi e di osservarli. La loro perfezione, la loro lucidità e la loro coerenza ci spiazzano, a volte ci mettono in difficoltà e quindi preferiamo soprassedere o languire a livello superficiale. Quando iniziamo a osservarli, dobbiamo fare i conti con questi "benedetti" condizionamenti che utilizziamo ormai in maniera automatica. A proposito di regole e di condizionamenti: riportiamo di seguito quello che spesso applichiamo con i bambini o che ci viene suggerito da esperti, libri e riviste in tema di regole e che, ahimè, rafforza una modalità educativa militaresca e omologante, anziché favorire la natura del bambino e la sua manifestazione.

I 19 falsi miti svelati sulle regole

1° Falso mito sulle regole

Rinforzo positivo – quando un bambino si sente elogiato e gratificato per ciò che sta facendo, inizia a credere di più in se stesso.

La natura del bambino

Il rinforzo positivo ha lo stesso valore della punizione, della critica e del giudizio. È di segno opposto, ma si pone allo stesso livello. Infatti, possiamo essere tutti d'accordo sul fatto che sgridare e punire i bambini non sia efficace, ma non ci chiediamo che cosa accade nel bambino davanti al rinforzo positivo e all'elogio. Il bambino deve sentirsi amato per quello che è, qualsiasi cosa faccia o dica. Riflettiamo: se quello che fa a noi non piace è un problema del bambino oppure nostro? Nostro. Se lo lodiamo o lo critichiamo sperando che impari le buone maniere o perché così siamo convinti che la prossima volta eviterà un comportamento scorretto che abbiamo criticato o ripeterà un comportamento che noi riteniamo corretto e che abbiamo elogiato, ci sbagliamo di grosso. In questo modo non si cresce un bambino felice, ma si instrada e si preconfeziona un personaggio, un robot telecomandato che perde la propria vitalità e la sua essenza a favore di un modello che non ha nulla a che vedere con la vita reale, con la natura dell'uomo e con le potenzialità innate di cui disponiamo per migliorarci. Rinforzare positivamente un comportamento del bambino significa semplicemente fargli capire (anche se le nostre intenzioni sono diverse, questo è quello che gli trasmettiamo) che così ci piace mentre se si comporta diversamente no, che in questo modo lo preferiamo e lo amiamo di più.

Si innesca un meccanismo a spirale discendente per cui il bambino resta in PERENNE TENSIONE per controllare i suoi istinti e i suoi atteggiamenti perché, se segue la sua natura e il suo istinto, l'AMORE di mamma e papà potrebbe DIMINUIRE. Se vuole che l'amore resti inalterato deve seguire il modello che arriva da loro, mandando a morte i suoi bisogni.

Dobbiamo imparare a fidarci di più dei bambini perché non sono prototipi da stampaggio, non sono CD da masterizzare, ma bambini. Per certe cose siamo molto più mammiferi di quello che crediamo e come mamma leonessa non ha bisogno di insegnare, spiegare, indirizzare, lodare, punire i suoi cuccioli perché imparino a seguirla evitando i pericoli, ad autonomizzarsi, a cacciare, così noi potremmo limitarci a fornire il buon esempio e lasciare che il bambino lo imiti e lo assorba. Qualche tempo fa, mentre guardavamo un documentario sul lupo etiope, è stato bellissimo scoprire come la mamma lupo svezza i suoi cuccioli senza ricette del pediatra nè testi sui valori nutrizionali, senza omogeneizzati, ma semplicemente con il suo istinto e tanto buon senso. Mentre continuava ad allattarli, di tanto in tanto gli portava dei pezzetti di carne con cui giocare: i cuccioli se la strappavano di bocca, la facevano rotolare per terra, la schiacciavano con le zampe, lasciando liberare il loro istinto naturale di cacciatori (e la mamma non aveva tenuto alcuna lezione sulla caccia). D'altro canto i lupacchiotti, fin dalla nascita, avevano potuto osservare la mamma mangiare altri animali. Così, imitando l'adulto, prendendo pian piano dimestichezza con il cibo e potendo dare libero spazio all'istinto, lo svezzamento è stato facile e naturale. Quante volte nel vedere i bambini piccoli giocare con il cibo li rimproveriamo: "*No, con il cibo non si gioca! Sai che ci sono bambini che non ne hanno?!*". È molto divertente perché a volte i bambini ci guardano e rispondono: "*Bene mamma, allora puoi portarlo a loro!*".

2° Falso mito sulle regole

A differenza della mamma, mia nonna non doveva occuparsi della mia educazione ma solo viziarmi.

La natura del bambino

Abbiamo sentito questa frase e ci siamo chiesti: perché educare, coccolare e dare (coccole e abbondanza vengono interpretate come vizio e come concessione – terribile!) devono essere visti come incompatibili? Perché l'educare deve implicare restrizioni e sacrifici per il bambino? Se vogliamo davvero andare verso uno stile educativo secondo Natura, dobbiamo lasciar perdere tutti questi modi di pensare e allontanarci dalla convinzione che sia dannoso dare al bambino un senso di abbondanza (e non intendiamo con questo riempire la cameretta di giocattoli...). Come ti ripetiamo, l'educazione si impara imitando e non imponendo o restringendo, quindi, tanto vale essere "abbondanti" in coccole, attenzioni e dettagli. In questo modo, non solo soddisfiamo i bisogni del bambino, ma gli diamo anche un senso di abbondanza che lo accompagnerà per tutta la vita e che lo proteggerà dal sentirsi vuoto, sfiduciato, privo di risorse e con un percorso in salita dove la vita è ingiusta e c'è sempre qualcuno pronto a deluderlo e a fregarlo. La vita non è così. È così lo schema educativo che abbiamo assorbito e subìto e che, inconsciamente, riproponiamo nella nostra vita di adulti. Un bambino cresciuto nell'abbondanza di amore e nel soddisfacimento di tutti i suoi bisogni affettivi cresce con molti meno limiti a fargli da intralcio per la sua realizzazione.

3° Falso mito sulle regole

Dal primo anno i bambini hanno bisogno di spiegazioni per capire cosa bisogna e non bisogna fare.

La natura del bambino

Dal primo anno i bambini, a meno che non debbano andare in trincea o scalare il Kilimangiaro, hanno bisogno di amore, attenzioni e coccole. I bambini non hanno bisogno di capire, ma di vedere, sperimentare e imitare. Sono troppo piccoli per poter comprendere un discorso razionale fatto di pro e di contro, di cause e conseguenze, di diritti e doveri, e soprattutto di spiegazioni. Quante volte ci è capitato di sentire frasi di questo tipo: "*Eppure sai quante volte gliel'ho detto?*"; "*te l'ho già spiegato il perché!*"; "*ma non capisci?*"... Risposta: "*No, mamma e papà, non capisco. Se mi spiegate le cose a parole io sento tutta una serie di cose in fila, le ascolto ma non ne comprendo il significato e, il giorno dopo, me le dimentico. In più, perché mi state dicendo tutte queste parole senza avermi magari prima chiesto perché ho fatto o non ho fatto una certa cosa?*".

"CARA MAMMA E CARO PAPÀ, SAREBBE PIÙ SEMPLICE PER VOI, E A ME PIACEREBBE DI PIÙ, SE QUANDO NON HO VOGLIA DI FARE I COMPITI O FACCIO I CAPRICCI PER NON LAVARMI I DENTI, CHE PRIMA DI TUTTO MI VENISTE VICINO E VI RICORDASTE CHE HO UN MOTIVO PER CUI FACCIO COSÌ... SOLO CHE NON VE LO SO SPIEGARE BENE E ALLORA LO MANIFESTO COME POSSO".

"Se mi chiedete con calma e dolcemente come mai e vi rendete disponibili ad aiutarmi e a risolvere la mia difficoltà o il mio bisogno, io sono il bambino più felice del mondo. Smetto di avere paura e di sentirmi a disagio, so che mi posso fidare di voi e so che mi basta seguirvi. Insomma, mamma e papà, so benissimo come si lavano i denti, è da quando sono nato che mi portate con voi e che vi guardo, di solito lo facciamo sempre insieme! E per i compiti, che voi diciate di sforzarmi, mi serve a ben poco! ho un disagio dentro che non riesco a superare da solo, altrimenti vi pare che perderei tutto questo tempo? Se non mi annoiassi e volessi farli da solo, a quest'ora li avrei già finiti e sarei fuori a giocare!".

4° Falso mito sulle regole

Se non trova alternative alle parolacce sgridatelo e ignoratelo.

La natura del bambino

Perché un bambino dice parolacce? Forse le ha sentite dire e semplicemente le ripete perché funziona per imitazione. Oppure sa che non si fa e vuole attirare la nostra attenzione (ha provato in mille altri modi e "con le buone", ma non c'è stato nulla da fare). Forse si sente un debole: chi dice parolacce gli sembra più forte e quindi fa anche lui così. Se non comprendiamo la motivazione e non andiamo a fondo nel disagio (se di disagio si tratta, perché se ogni tanto in famiglia o alla TV si dicono, allora è chiaro che bisogna smettere di fornire questi esempi), non serve a nulla sgridarlo o ignorarlo. Nel primo caso continuerà a farlo perché pur sgridandolo abbiamo iniziato a considerarlo. Nel secondo caso anche, perché volendo le nostre attenzioni rincarerà la dose o cercherà altri atteggiamenti distruttivi per segnalarci la sua presenza e il suo bisogno di attenzioni.

5° Falso mito sulle regole

Spiegagli che si deve comportare bene e che gli concedi solo un biscotto.

La natura del bambino

Non stiamo parlando di cavie da laboratorio ma di bambini (anche se neanche gli animali si dovrebbero trattare così...). I bambini hanno tanti motivi per chiedere cinque biscotti: hanno fame (non è detto che il tuo ritmo dei pasti sia uguale al suo); devono attirare la tua attenzione perché sei stato poco con loro e, quindi sanno che toccando il tasto del biscotto fuori pasto possono attivare la tua reazione (perché non glielo vuoi dare) e, sicuramente riusciranno così a innescare un tira e molla che gli consentiràdi stare insieme a voi per qualche minuto in più. Oppure hanno bisogno di dolcezza (ne sentono poca nella vita) e cercano di compensarne la carenza con dolciumi e biscotti. Se glieli vieti senza far nulla per soddisfare il loro bisogno affettivo, è inutile e sarai punto e a capo. Ti suggeriamo di andare sempre all'origine del malessere.

6° Falso mito sulle regole

La famiglia è una squadra, se bisogna rassettare la sera e noi siamo stanchi mentre i bambini lo sono di meno, bisogna far fare anche a loro le cose per alleggerirci la quotidianità.

La natura del bambino

I bambini non sono camerieri, non sono addetti al rancio e non sono neppure adulti alla pari con noi: sono semplicemente bambini. Se sei stanco puoi assumere una colf, organizzarti meglio la giornata, chiederti perché arrivi così stanco la sera e che cosa fare per migliorare. Ti suggeriamo di analizzare i tuoi sentimenti in merito: forse vuoi che tuo figlio "impari" a fare le pulizie perché hai paura che diventi sporco e disordinato (ma se tu non lo sei non accadrà, a meno che non sia arrabbiato con te per qualche motivo e reagisca comportandosi come tu non faresti mai). Se invece la motivazione è sincera e pone il bisogno di tuo figlio in primo piano, questo lui lo percepirà. Così, grazie al buon esempio e al gioco potrai far amare a tuo figlio tutte quelle esperienze che fanno parte della vita quotidiana: lavarsi, apparecchiare, sparecchiare, riordinare la stanza ecc.

IL BAMBINO IMPARA GIOCANDO: prima lasciati imitare mentre fai le cose con gioia (se anche tu le vivi come un peso, come pensi che potrà viverle lui?), poi fate le cose insieme, giocando!

Per esempio, invece di dover pulire la stanza, potete andare a risistemare per bene la barca dei pirati con tanto di bandana in testa; invece di dover apparecchiare la tavola, potete preparare un ottimo servizio per i principi e per le principesse che vengono a palazzo per la festa, oppure per i samurai che tornano affamati dalla battaglia. In questo modo tutti i bambini si divertono e imparano. Attenzione! Se l'adulto lo fa con un secondo fine e quindi manipolando (facciamo finta di giocare così ti porto dove voglio io) non funziona. Funziona se siamo sinceramente convinti che questa sia la cosa più naturale per il bambino e se anche noi ci stiamo divertendo.

7° Falso mito sulle regole

Le eccezioni alle regole.

La natura del bambino

Se le regole imposte fossero giuste e buone, perché dovremmo sentire il bisogno di fare delle eccezioni o di trasgredirle ogni tanto? A esempio, abbiamo letto che dormire nel lettone di mamma e papà può diventare l'eccezione della domenica mattina (tanto per creare un po' di frustrazione in più in nostro figlio). Oppure sentiamo dire: "*va beh, per questa volta…*". Il bambino, oltre ad andare in confusione, percepisce innanzitutto contraddizione e quindi non sente di potersi fidare pienamente di noi. In più, il fatto che percepisca una sorta di concessione lo fa sentire molto svalutato, perché chi lui sia non ha importanza e l'andamento degli eventi dipende solo dal suo comportamento e dalle decisioni arbitrarie di mamma e papà. Se abbiamo stabilito o imposto delle regole, quelle sono ed è bene che rimangano tali. Se poi riusciamo a vivere e far vivere ciò che va fatto con la massima naturalezza senza dover ricorrere alla regola, meglio ancora!

8° Falso mito sulle regole

Se tutti seguissero i loro desideri senza alcun limite non sarebbe possibile coabitare, ci sarebbero solo conflitti e violenza, e questo un bambino di sei anni lo può capire molto bene.

La natura del bambino

Questo dovrebbe giustificare l'imposizione, la ripetizione di regole e, per di più, dovrebbe instillare nel bambino la convinzione errata secondo cui, per poter convivere pacificamente con gli altri, si deve rinunciare a essere se stessi e adattarsi. In verità, come tutti gli individui, anche il bambino percepisce istintivamente che cosa è bene e che cosa è male, che cosa nuoce o non nuoce alle altre persone. Il bambino conosce bene il rispetto per l'altro e il rispetto per se stesso, e sa che possono naturalmente coesistere. Se lasciato crescere libero di potersi esprimere per quello che è, nella possibilità di evitare l'assorbimento di modelli familiari o esterni sfavorevoli, potrà essere un adulto libero di assecondare i suoi desideri senza danneggiare gli altri. Non abbiamo bisogno di spiegarglielo.

Vorremmo condividere con voi una bellissima frase di Angela, che negli anni ci è stata di grande aiuto. Un giorno ci disse: «*Credete davvero che l'architetto dell'universo abbia inventato i desideri per poi farci vivere la frustrazione di non vederli realizzati? I desideri sono fatti per essere realizzati, sono il motore per farci agire e per farci manifestare nella vita. Se tu lo senti vuol dire che da qualche parte lui è già realizzato, devi soltanto fare il piccolo sforzo di andartelo a prendere, con pazienza e perseveranza. Così potete arrivare a realizzare il vostro progetto di vita. E non dovete avere fretta per timore che qualcuno ve lo rubi, perché ognuno nasce con il proprio progetto e se lo seguiamo non c'è possibilità di intralciarsi la strada a vicenda e neppure di dover correre o perdere, se non con noi stessi».*

9° Falso mito sulle regole

Cercate di far ragionare i bambini.

La natura del bambino

I bambini non ragionano perché non hanno la parte razionale sviluppata come noi adulti. Questo avverrà a partire dall'inizio del secondo ciclo settennale, dai 7 ai 14 anni. I bambini ascoltano i loro sentimenti e il loro istinto. Se li assecondiamo e gli permettiamo di crescere, grazie a un buon sviluppo affettivo, saranno poi anche in grado di ragionare razionalmente sulle cose.

10° Falso mito sulle regole

Se non lo fa, ripetigli più volte con tono deciso e autorevole che è una regola e va rispettata, e che deve farlo.

La natura del bambino

In questo modo forse al tuo terzo o al tuo decimo tentativo lo farà anche. Ma avrà compreso? E noi avremo capito il motivo del suo no? Siamo sicuri che sia rimasto emotivamente indenne da un'imposizione fredda e colpevolizzante? Perché per lui deve essere così mentre per noi e il nostro titolare deve essere diverso? Perché noi possiamo farlo con nostro figlio ma il nostro capo è un cattivone se alza la voce, se ci umilia davanti agli altri, se dall'alto della sua posizione ci da ordini e impone la sua volontà ("lui mica sa come sto io o quali imprevisti ci sono stati, e neppure me lo chiede!"). E, ancora, come ti sentivi quando i tuoi genitori si comportavano in questo modo con te?

11° Falso mito sulle regole

Introdurre elementi sanzionatori.

La natura del bambino

Usare "sanzioni" al posto di "punizioni", cambia il vocabolo ma non la sostanza. Forse fa più fine parlare di "sanzioni" invece che di punizioni, come facciamo più bella figura se utilizziamo il rinforzo positivo al posto del giudizio e della punizione. Ma la solfa è sempre la stessa: sminuire la fiducia del bambino, ferire la sua natura, farlo sentire (perdonateci il termine) un "imbecille".

12° Falso mito sulle regole

Non ci piace il termine punizione perché rimanda all'idea del castigo, meglio parlare di sanzione o multa che il bambino riceve se non rispetta le regole. Dovrete optare per qualcosa a cui il bambino tiene molto per evitare che sia ininfluente.

La natura del bambino

Qui, in altri termini, abbiamo la stessa minestra con l'aggiunta di una chicca che si somma al potere che abbiamo di creare frustrazione nel bambino: punirlo con quello che gli sta più a cuore sperando che serva, sperando che capisca. Vuoi la verità? Vuoi sapere perché, oltre al fatto che siamo influenzati da un'abitudine errata, puniamo i bambini? In verità lo facciamo per noi stessi. In fondo lo facciamo perché, quando i bambini "non ci ascoltano", non sappiamo cosa fare e temiamo di percepire tutto il nostro personale senso di svalutazione. Per non sentire la nostra frustrazione, per espellere il fastidio e la rabbia di non saper prendere in mano la situazione o, ancora, per il timore di essere stati genitori inadeguati, prendiamo in mano il tridente, ci ergiamo sul piedistallo e forti del nostro potere fittizio scagliamo il nostro *dictat!* Puniamo loro quando, in verità, vorremmo punire noi stessi per non essere in grado di educarli in modo adeguato e di soddisfare le loro esigenze.

13° Falso mito sulle regole

Il supermercato è un'occasione per mettere alla prova le capacità di autolimitazione di tuo figlio, se vi strema portatelo al bar o distraetelo.

La natura del bambino

Questa è davvero divertente! Facciamo di tutto per non passare davanti alla pasticceria o per restare con il frigo vuoto quando siamo a dieta e, invece, per mettere alla prova le capacità di autolimitazione del bambino, dobbiamo portarlo al supermercato... Che strano! Ma si sa, noi adulti a volte siamo davvero particolari. Se sappiamo che di solito richiedono tutto quello che vedono e toccano tutto quello che vogliono, l'ideale è evitare che i bambini ci accompagnino al supermercato. Del resto non facciamo anche noi così quando andiamo in un negozio di vestiti? Tocchiamo e rigiriamo la roba, anche se poi non la compriamo, perché attirati dal colore o dalla stoffa! A essere sinceri, se solo potessimo, compreremmo magari mezzo negozio! Per il bambino è lo stesso: vive il presente, percepisce i bisogni e si nutre di stimoli, viene attratto da tutti i colori, vede le merendine preferite ed è normale che le voglia! Se lo porti con te sai che gliele dovrai comprare (quanto è frustrante lo shopping senza portafoglio!). Chi gestisce il marketing del supermercato questo lo sa e non a caso, soprattutto alla cassa, quando sei in coda con tuo figlio e aspetti, mette cioccolata, caramelle e snacks proprio all'altezza degli occhi del bambino! Se riconosci di avere delle difficoltà di gestire tuo figlio in questa particolare situazione, l'ideale sarebbe di non portarlo con te.

14° Falso mito sulle regole

Lodare e elogiare rafforza l'autostima.

La natura del bambino

Questo è il principio per cui il rinforzo positivo risulterebbe un metodo efficace. Invece abbiamo visto quanto l'attenzione rivolta al fare del bambino piuttosto che all'essere sia deleterio. Il bambino non ha possibilità di manifestare se stesso se costretto o invitato, tramite adulazioni, a comportarsi come vogliono gli altri. Ogni bimbo nasce con un'alta stima di sé e con un elevato senso di fiducia nelle sue capacità e nella vita. Per far sì che li mantenga dobbiamo sempre accettarlo per quello che è, senza giudicarlo per cosa fa o cosa non fa. Il nostro intervento non deve essere mirato a interrompere o a modificare un suo comportamento, bensì a comprendere le sue motivazioni profonde e ad aiutarlo se necessario. Ogni qual volta un bambino "si mette nei pasticci", c'è dietro un adulto che non è stato abbastanza attento, che pensava ad altro, che faceva altro o che non si è reso disponibile nel modo opportuno.

Vuoi sapere perché spesso vogliamo dire "bravo" al bambino? In verità speriamo di farlo contento. E perché speriamo di farlo contento? Perché RIFLETTIAMO su di lui le nostre SPERANZE di chi probabilmente si è sentito poco amato o amato nel modo sbagliato e, dato che siamo molto critici nei nostri confronti e abbiamo un'AUTOSTIMA BASSA, vorremmo che quel "bravo" fosse per noi.

Allora, iniziamo a darci delle belle pacche sulla spalla e con i bambini rilassiamoci: non hanno bisogno del "bravo" e delle lodi, hanno solo bisogno di giocare, divertirsi, imparare dalla vita ed essere riconosciuti e amati.

L'esempio che facciamo spesso è quello del disegno. Tutti i bambini, soprattutto in fase egocentrica, disegnano e poi vogliono portare il disegno alla mamma, al papà o all'adulto che è con loro. E noi crediamo che la cosa più giusta sia quella di commentarlo con un "bravo!" oppure, a volte, indicando eventuali imprecisioni (secondo il nostro insindacabile giudizio!): "*ma che cos'è questo? Ma sei sicuro che sia un elefante, a me sembra di più un polipo!?*". Il bambino non ci porta il suo disegno per farci un regalo, ma per renderci partecipi delle sue esperienze, per condividere la sua gioia, per farci vedere che sta diventando grande e che la vita gli sta insegnando tanto. Se gli diciamo "bravo", ancora una volta mettiamo l'attenzione sulle sue azioni e non sul suo sentimento. Dato che sa che per la sua sopravvivenza è importante che noi lo amiamo e che il nostro amore è la sua benzina, dalla volta successiva inizierà a fare le cose "da bravo" (quando gli sarà possibile, frustrandosi quando le sue pulsioni avranno il sopravvento).

Ecco perché poi ci portano il disegno e ci chiedono: "*ti piace? È bello? Sono stato bravo?*". Ecco come s'instilla banalmente un condizionamento. Cosa rispondere dunque al bambino che con gioia ci mostra il suo disegno, senza compromettere la sua essenza? Possiamo serenamente gioire con lui chiedendogli se si è divertito e se si sente soddisfatto. Una volta una bimba ha risposto a Roberta: «*ma io ho chiesto se piace a te*» (e aspettava una risposta affermativa per sentirsi elogiata, in quanto probabilmente gli adulti che vivevano con lei l'avevano abituata in questo modo). Con molta naturalezza lei l'ha guardata negli occhi e le ha risposto: «*tutto quello che fai mi piace, perché mi piaci tu! E l'importante è che tu ti sia divertita e che sia stata bene nel farlo*». Tutta soddisfatta è tornata a disegnare e, nel mostrare i suoi capolavori, non ha più chiesto nulla in cambio: glieli ha fatti vedere raccontandole che cosa rappresentassero per lei, tutta la storia che dal disegno poteva nascere e anche che cosa avrebbe disegnato sul prossimo foglio. Bellissimo! In questo modo manteniamo davvero alta la loro autostima e abbiamo un ottimo strumento affinché si fidino di noi e ci stimino a loro volta.

I BAMBINI STIMANO L'ADULTO CHE LI COMPRENDE, CHE LI ASSECONDA. NON QUELLO CHE LI MANIPOLA.

15° FALSO MITO SULLE REGOLE

Se vostro figlio ha fatto qualcosa di sbagliato, provocando conseguenze che danneggiano le altre persone, e voi siete arrabbiati con lui, non abbiate timore di manifestargli il vostro disappunto e dispiacere, anche con azioni concrete o a parole.

La natura del bambino

Aiuto! E quali sarebbero le azioni concrete? Forse sgridate, sculacciate, scenate, castighi? Probabilmente sì. Alla fine, quando siamo frustrati e arrabbiati, ricorriamo anche a questo. Il punto è che dovremmo riuscire a non essere mai arrabbiati con nostro figlio. Perché ci si deve arrabbiare con un bambino? Non c'è mai e poi mai (in questo siamo molto fermi) un motivo valido per farlo. Tutte le volte in cui ci innervosiamo "diamo la colpa a lui". Alla fine è lui che non è attento, che non è abbastanza bravo, che è stanco, che è troppo sveglio o agitato, che non capisce.

Ma, in verità, siamo noi a non aver compreso le sue motivazioni, perché il bambino non fa mai nulla senza un VALIDO MOTIVO.

Se nostro figlio fa qualcosa che noi riteniamo sbagliato è perché non lo sapeva, perché non ha visto, perché "è capitato" oppure, ancora, perché si è sentito offeso, tradito, abbandonato o, forse, perché semplicemente si stava annoiando. Ma, in verità, quello che in verità ci fa arrabbiare è una nostra frustrazione… e qui viene il bello.

Ti suggeriamo una strategia da samurai per evitare di arrabbiarti e per permetterti di avere relazioni più serene non solo con tuo figlio, ma anche con gli altri. Quando la leggerai la prima volta, forse anche tu, come altri adulti a cui lo abbiamo suggerito dirai: "*eh, ma uffi, è sempre colpa mia!*". E invece no. Tra poco capirai perché. Ti raccontiamo cosa succede nell'individuo umano, e quindi anche in te, quando si arrabbia o si infastidisce e inizia a diventare nervoso, irrequieto e ad avere voglia di sfogarsi (chissà perché agli adulti è concesso e ai bambini meno?).

Ti ricordi lo specchio magico della matrigna di Biancaneve? Tutte le volte in cui la matrigna si specchiava, voleva sentirsi dire di essere la più bella del reame e, finché, lo specchio l'assecondò tutto filò liscio. Un giorno, alla solita domanda della regina «*specchio, specchio delle mie brame, chi è la più bella del reame?*», lo specchio risponde che la più bella del reame era Biancaneve, suscitando le ire della sovrana. È chiaro che gli anni passano per tutti e facendo parte anche lei del genere femminile forse non le andava molto a genio il dover valorizzare le rughe e le occhiaie in nome della saggezza, ma c'era anche dell'altro. Lo specchio aveva toccato un tasto dolente, che è dolente non solo per la matrigna di Biancaneve ma per tutto il genere umano. Ricordiamoci che, se pur magico, stiamo sempre parlando di uno specchio in cui, che lo desiderasse o meno, la regina vedeva parti di sé. Nel momento in cui venne messa di fronte a una sua debolezza, a un aspetto di sé che non voleva vedere, al fine di non percepire la sua fragilità e vivere la sua svalutazione (nascoste dietro la "maschera" di matrigna cattiva), andò su tutte le furie, indirizzando la sua ira contro Biancaneve, spingendosi a chiedere al cacciatore di ucciderla. È chiaro che noi non arriviamo a tanto, ma facciamo un po' la stessa cosa. In ciascuno di noi è presente lo stesso meccanismo: ci arrabbiamo con gli altri (come la regina se l'è presa con lo specchio e con Biancaneve), quando in verità non vogliamo vedere alcuni aspetti di noi. Qual è la vera magia in tutto questo?

Invece di attribuire la RESPONSABILITÀ agli altri, possiamo continuare a guardare dentro lo specchio, consapevoli del fatto che sta semplicemente riflettendo una parte di noi che, magari, non ci piace, che neghiamo o che giudichiamo.
Una volta vista, invece di giudicarla, possiamo ACCOGLIERLA, sapendo che esiste, senza accusarla.

Ti facciamo un esempio pratico su cosa succede e su che cosa puoi fare quando ti arrabbi con tuo figlio. È domenica ed è quasi ora di pranzo. È tutta la mattina che riassesti casa, hai fatto le lavatrici e stai per andare a preparare le pietanze. Da qualche ora stai ripetendo di tanto in tanto a tuo figlio che deve mettere a posto i giochi in camera sua e anche sul divano in salotto, perché tra poco arrivano i nonni a mangiare. Parole spese invano. Hai provato e riprovato ma le risposte sono state sempre le stesse: "*sì, un attimo*" (ci viene da sorridere perché invece quando lo diciamo noi va bene); "*finisco di giocare e lo faccio*"; "*non avevo sentito*"; "*ma mamma, me l'hai già detto!*"; "*no, uffi, non ho voglia!*". La tua tensione sta aumentando e, alla decima volta che lo ripeti, inizi ad arrabbiarti, tanto che probabilmente sei già andata di là a urlare che adesso basta, non è possibile, che fai sempre tutto tu, che lui deve imparare e che non ascolta mai. Forse urlando hai sfogato un po' di tensione, ma anche per te vale quello che vale per tuo figlio: la motivazione, o meglio, le motivazioni. E quindi:

1. Perché tuo figlio non riordina? Come sempre, se non andiamo alla motivazione profonda non riusciremo a risolvere il problema, pur ripetendo le stesse cose all'infinito. Quindi, dobbiamo per prima cosa chiederci come mai. Le risposte sono tante e differenti a seconda del bambino. Vediamone alcune possibili: lo sente come un'imposizione; lo percepisce come un noioso dovere; vuole dirti di "no" perché è un po' arrabbiato con te perché (forse

si è sentito trascurato); ha visto te o un altro familiare dire spesso di no quando gli si chiede qualcosa ecc. Inutile quindi parlar tanto, bisogna risolvere il problema alla fonte e perciò: dirlo in modo diverso, farlo insieme a lui, sanare la ferita che lo fa essere risentito nei nostri confronti, osservarci se per caso lo facciamo anche noi ed evitare di ripeterlo, chiedendo ai nostri familiari di fare altrettanto. A questo punto perché arrabbiarsi? Se il problema sta qui, basta risolverlo... e invece no, ci arrabbiamo comunque perché in noi adulti scatta in meccanismo dello specchio... Chiediamoci poi quali potrebbero essere le vere motivazioni che stanno alla base di tutto questo nostro nervosismo.

2. La domanda che devi porti una volta che lo specchio ti ha fatto intravedere una parte "negativa" di te, che non ti piace, oppure una situazione che ti irrita è: "*perché mi sto arrabbiando?*". Di fronte a questa si potrebbe aprire un mondo di possibilità, a seconda di come siamo e del nostro vissuto. Per esempio: in fondo mi sto arrabbiando perché non mi sento ascoltata, perché non sono capace di farmi ascoltare; perché non so fare niente, neppure farmi rispettare da mio figlio; perché non sopporto che gli altri ignorino le mie parole; perché esco fuori dai gangheri nel vedere che gli altri possono dire di no e fare quello che vogliono e quando vogliono, mentre io invece non posso; perché mi da fastidio dare la soddisfazione ai suoceri di vedere la mia casa in disordine, perché ho paura che pensino che non sia una brava madre.

Queste sono solo alcune tra le tante, infinite, motivazioni che potremmo portare ad esempio. Ma come si fa a sapere qual è la causa giusta fra tante? Semplice, quando è quella giusta, se ti ascolti e ti osservi, hai per un attimo la sensazione che la tensione generata dalla rabbia si allenti e che in te si apra una sorta di porticina che ti fa dire "*ecco, è proprio questo! Mi sento proprio così...*". Una volta trovata la nostra motivazione, cosa succede? Di solito succede che ci giudichiamo: ecco perché ti ho detto che ad alcuni inizialmente non piace. Infatti, anziché limitarci a osservare delle parti di noi, le accusiamo con pensieri del tipo: "*vedi, è sempre colpa mia*", "*che stupida*", "*ecco che mi sto lamentando un'altra volta*" ecc. Proprio come facciamo con i bambini, anche nei nostri confronti invece di accogliere la causa scatenante della nostra rabbia, ci accusiamo a priori. E invece che cosa si dovrebbe fare? Ti suggeriamo di accoglierti come faresti con un bambino e quindi, se per caso la motivazione è che ti senti inascoltato, puoi dirtelo: "*Eh sì, mi sento inascoltato, mi da fastidio che nessuno mi ascolti; temo di essere inadeguato e di non andare bene; quello che faccio non è efficace*". Se ti ascolti, ti tranquillizzerai senza sentirti frustrato, semplicemente perché hai accolto un tuo sentimento profondo. E poi? E poi puoi fermarti qui, intanto la rabbia si starà sciogliendo e, sicuramente, farai fatica ad arrabbiarti nuovamente con tuo figlio. Oppure, se vorrai, potrai mettere la ciliegina sulla torta o la panna sulla cioccolata, come preferisci. Che cosa sarebbe questa bella ciliegina? Si tratta di fare tutti i giorni in autonomia qualcosa nella tua quotidianità per sentirti ascoltato. Ad esempio, puoi iniziare partendo da te: chiediti spesso come ti senti e se sei stanca riposati, se hai fame mangia, se ti senti triste coccolati, se hai un desiderio fai il possibile per soddisfarlo. Con gli altri invece osa di più, oppure cerca una modalità comunicativa differente affinché ti capiscano meglio ecc. Le soluzioni sono davvero tante e non basterebbe un libro intero per sviscerarle tutte. Ma era giusto per renderti l'idea. Tornando a noi, al punto che ci ha fatto parlare dello specchio, possiamo concludere dicendo che la nostra rabbia di adulti va osservata, accolta e sciolta senza che questo si riversi sul bambino, in quanto lui non ne è responsabile.

16° Falso mito sulle regole

Verbalizzate il vostro stato d'animo: sono molto arrabbiata e dispiaciuta.

La natura del bambino

Alla luce di quanto detto, lo dobbiamo fare con noi stessi ma non possiamo permetterci di farlo con i bambini. Quando invece saranno più grandi e avranno sviluppato una loro autonomia di giudizio, un proprio senso critico e saranno più autonomi affettivamente (intorno alla metà del terzo settennio), potranno sostenere e comprendere il tuo stato d'animo ed ecco che potrai esprimerti per esempio in questo modo: "*Personalmente non sono d'accordo. Mi sono preoccupata molto non vedendoti rientrare e non ricevendo nessuna tua chiamata che mi avvisasse del tuo ritardo. Gradirei molto che la prossima volta lo facessi. Comunque mi fido di te e so che sicuramente avrai avuto dei motivi per te validi per farlo, motivi che se vuoi puoi condividere. Ti ascolto volentieri"*.

17° Falso mito sulle regole

Non assecondate i suoi ricatti, ma spiegate perché deve mangiare. Proponete un'alternativa a quel piatto, ma solo una.

La natura del bambino

Quante regole a tavola! Teniamo questa frase a mente, la riprenderemo nel capitolo che riguarda le Idiozie relative all'alimentazione, dove anche ne leggerai delle belle!

18° Falso mito sulle regole

Insegnate ai bambini a controllare sia il piacere sia la frustrazione.

La natura del bambino

I sentimenti e le emozioni, nei bambini così negli adulti, non vanno controllati né repressi. Sentimenti ed emozioni si ascoltano e si comprendono. Esiste però una differenza tra adulti e bambini. Mentre i primi possono farlo da soli, i secondi no: hanno bisogno che mamma e papà accolgano i loro pensieri, sentimenti, disagi e istinti. Per questo è necessario ascoltare i nostri figli, prendere in considerazione sempre il loro punto di vista e la motivazione profonda, metterci al loro posto, non giudicarli qualsiasi cosa dicano o facciano e qualsiasi bisogno manifestino, risolverne i problemi. Solo imitandoci e attraverso il nostro esempio possono far leva sulle proprie capacità e far sì che tutto questo diventi a poco a poco un bagaglio prezioso che li renderà via via più autonomi.

19° Falso mito sulle regole

Anche se è stato un divieto a far esplodere la sua rabbia, lo avete fatto per il suo bene.

La natura del bambino

Se il bambino sta esplodendo dalla rabbia vuol dire che qualcosa nel nostro agire non ha funzionato: abbiamo trascurato il suo stato d'animo, non lo abbiamo accolto nel modo adeguato, non lo abbiamo ascoltato abbastanza o nel modo giusto, siamo stati bruschi, violenti, lo abbiamo fatto sentire giudicato, tradito o abbandonato. Ricordiamoci: qualunque ne sia la causa, teniamo sempre a mente che non si procura mai rabbia a un bambino per il suo bene.

Caso pratico n° 4

Roberta e i bambini in affido

A proposito di regole, le prime esperienze che ci tornano alla memoria sono proprio le nostre, quelle vissute nella quotidianità familiare con i bambini in affido. I bimbi arrivavano decisamente senza regole, nel senso più comune del termine. E, per di più, scontrosi, arrabbiati e in vena di ripicche. Come fare? Ecco qui di seguito la "procedura" che abbiamo adottato:

1. Per prima cosa tanta pazienza e tanto amore;

2. Rimanere fermi sulle proprie posizioni, facendo però sempre il possibile per non arrabbiarsi ed entrare in opposizione diretta;
3. Essere disponibili nell'assecondare i loro bisogni e desideri.

Queste erano le prime cose necessarie perché i nuovi arrivati comprendessero di non trovarsi in un ambiente ostile, perché sentissero di potersi fidare sempre di noi e che avremmo agito per il loro bene. Una volta guadagnata la loro fiducia, quello che ci restava da fare era lasciarci imitare mentre facevamo le faccende quotidiane con gioia e amore. Se stai pensando che forse vivevamo nel Paese dei balocchi o che avessimo solo quello da fare ti sbagli. Anche per noi oltre ai bambini c'era il lavoro con annessi e connessi: la scuola di Naturopatia, le consulenze, i corsi, la gestione della struttura ecc.

Non importa quante cose hai da fare, ma come queste cose le vivi. In questa fase iniziava già in loro la voglia di imitarci. Ma quello che alla fine faceva la differenza era il fatto di divertirci insieme e di giocare facendo le faccende domestiche. Ed ecco che cantavamo le canzoncine di Mary Poppins mentre si apparecchiava la tavola, facevamo le magie sotto la doccia tra schiuma e bolle di sapone al momento di lavarsi, diventavamo super chef al momento di preparare pranzo oppure cena e c'era sempre qualche cosa di divertente che in cucina potevano fare senza farsi male. Io, Roberta, ricordo che potevo passare molto tempo a preparare il pranzo per tutti, con a turno uno di loro che stava con me, con il grembiule e il cappello da cuoco a lavare pentolini, preparare minestroni, a spezzettare carote e patate, a fare impasti, torte, pizze con acqua e farina.

Questo è un modo semplice ma anche l'unico che conosciamo e che ci ha permesso quotidianamente, a piccoli passi e soprattutto svolgendo delle attività pratiche, di recuperare un buon rapporto con i bambini in affido e di far sì che potessero prendere delle buone abitudini senza ferire la loro natura.

Il segreto dei segreti per insegnare le regole

Eccolo: coltivare quotidianamente una relazione armoniosa e di fiducia con bambini e ragazzi, gli permette di assorbire le regole tramite il nostro esempio, senza sforzo, sgridate o arrabbiature.

Ad esempio, dopo un po' nel nostro centro si faceva a gara per chi doveva apparecchiare, aiutare in cucina a preparare il pranzo o asciugare le posate. Tutto immerso nella gioia di fare le cose insieme. Questi risultati sono impossibili da raggiungere con l'imposizione autoritaria.

Se osservi la natura del tuo bambino scoprirai che...
le REGOLE e le ABITUDINI vengono assorbite in modo efficace e facile tramite l'ESEMPIO.

9

5ª Idiozia sull'Alimentazione

Perché mangia solo pasticci?

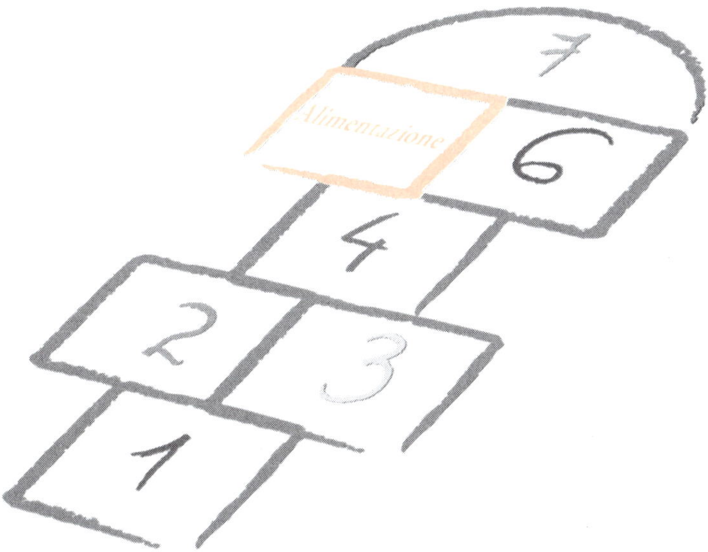

La democrazia è due lupi e un agnello che votano su cosa mangiare a colazione. La libertà è un agnello bene armato che contesta il voto.

BENJAMIN FRANKLIN

Esistono Idiozie anche sul cibo?

Nel precedente saggio *Smettila di reprimere tuo figlio*, abbiamo trattato il "Petalo del cibo" ponendo l'attenzione in particolare sugli alimenti che per un motivo piuttosto che per un altro sono lontani dalla natura dell'uomo. A ben vedere, possiamo considerare un'idiozia ritenere che lo zucchero bianco e i cibi raffinati siano ideali per una sana alimentazione, che i prodotti pieni di conservanti non danneggino l'organismo ecc. Ma c'è di più, molto di più... e adesso lo scoprirai.

C'è un'Idiozia che pur passando inosservata influenza molto il momento del pasto e il rapporto che si crea tra il bambino e il cibo. Il falso mito in cui crediamo è quello per cui il cibo è solo cibo e che il bambino mangia solamente per crescere e avere energie sufficienti per correre, giocare, parlare, pensare e diventare grande. Infatti il cibo non è solo questo e molte delle difficoltà che oggi incontrano i genitori, desiderando che i propri figli abbiano un buon rapporto con l'alimentazione, derivano dal fatto che il cibo non equivale solo a nutrimento. Forse per gli altri mammiferi sì, ma per noi razza umana, soprattutto nella nostra società "occidentale", "moderna", "civilizzata" il cibo riveste in gran parte un ruolo sociale.

Anch'esso con il passare del tempo si è intriso di etichette, si è investito di proforma (stai dritto con la schiena mentre mangi, non appoggiare i gomiti sul tavolo, non si gioca mentre si mangia, adesso non è ora di mangiare, si taglia con la destra, bevi piano ecc.). Ma c'è ancora un di più che passa inosservato, o meglio, se ne parla molto nei "salotti professionali" ma non si danno gli strumenti ai genitori per esserne davvero consapevoli e poter così risolvere un sacco di magagne: il cibo e il suo ruolo affettivo.

Il cibo è amore.

Il cibo è quella cosa che per eccellenza ci consola, che riempie i vuoti affettivi, che ci tira su quando siamo tristi; il cibo è l'ancora di salvezza per le donne con "sindrome premestruale", a volte lo rifiutiamo o lo bramiamo se è una giornata no. Quante volte diciamo "questa proprio non la digerisco", riferendoci a una situazione o a una persona, proprio come se parlassimo di un piatto di lasagne? Il cibo è amore e a volte lo utilizziamo come compravendita di amore, o per ottenere obbedienza, riconoscimento. Non stiamo parlando di quando suoni al campanello della tua fidanzata con la scatola di cioccolatini o quando arrivi a Natale davanti a tuo zia con il cesto pieno di formaggetti, dolcetti ecc.
Stiamo pensando, per esempio, a quando diciamo: "*se finisci tutto ti do il gelato*", "*se fai il bravo ti do la caramella*". Forse stai facendo fatica a vedere il nesso tra queste frasi e la compravendita di amore? Se sì, ci spieghiamo meglio. Quando distrattamente pronunciamo frasi di questo tipo, di sicuro il valore nutrizionale lo stiamo perdendo di vista e ci sta sfuggendo anche qualcosa su una relazione sana e consapevole con nostro figlio. Tutto si sta spostando ancora una volta su di uno scambio perché, alla fin fine, nostro figlio non

farà il bravo perché la caramella gli fornisce degli zuccheri che gli daranno tanta energia, non lo farà perché sente il buco allo stomaco che una caramella può riempire, non lo farà per dire che ha avuto quello che voleva. Lo farà perché ci adora e vuole che lo amiamo, e per questo accetta il prezzo proposto. Se questo è il compromesso a cui scendere, pur di ricevere il nostro amore, lui ci sta e finisce tutto, perché così mamma e papà sono contenti. Potresti pensare: "*beh, che c'è di male?*".

Te lo diciamo subito. A lungo andare non credi forse che sia un modo un po' strambo e articolato in cui un bambino possa e debba conoscere l'amore dei suoi genitori?

L'amore a cui il bambino è abituato, e vi è abituato perché lo ha dentro naturalmente, è l'AMORE INCONDIZIONATO. Questo è ciò a cui dovremmo aspirare noi adulti per farlo sentire al sicuro e nel posto giusto. I ricatti sul cibo sono un mezzo poco efficace che per di più trasmette al bambino questo messaggio: l'amore si compra, non è gratuito e, per farti ascoltare dalle persone, caro mio dovrai raggirarle. Con la verità si fa poca strada.

La cosa strana è che il bambino lo sa. Infatti, quando noi utilizziamo questi giochetti alla fine ci asseconda per avere il nostro amore, perché ci ama e non desidera altro che essere come noi vogliamo (ha già capito che essendo se stesso purtroppo non avrà molte chance). Ma, allo stesso tempo, perde fiducia in noi perché vede che abbiamo un atteggiamento non etico e lontano dall'amore incondizionato. C'è anche un altro motivo, più spicciolo, per cui i ricatti sul cibo non sono efficaci: non servono a nulla, neppure dal punto di vista nutrizionale. Ci siamo mai chiesti, infatti, perché gli adulti utilizzano questi stratagemmi? Vediamo insieme alcune motivazioni:

- Quando loro erano piccoli hanno visto adulti fare altrettanto e gli è rimasto come un riflesso incondizionato;
- Non sanno in che altro modo convincere i bambini a fare quello che vogliono (gli adulti, non i bambini, altrimenti non servirebbero i ricatti);
- A volte sono così sfiduciati in merito alle loro capacità autonome di essere genitori buoni ed efficaci, che sentono di dover ricorrere alla manipolazione utilizzando cose particolarmente apprezzate dai propri figli (giochi, dolciumi ecc.).

Se si tratta di finire quello che si ha nel piatto o di mangiare quello che mamma ha cucinato, possiamo anche essere più specifici. Per prima cosa ci chiediamo: perché si insiste tanto affinché il bambino mangi tutto e mangi di tutto? Vediamo:

1. Per paura che non si nutra abbastanza;
2. Perché "per educazione" si finisce tutto;

3. Perché io ho deciso così e lui deve fare quello che dico io;
4. Perché pochi alimenti non sono sufficienti a garantire tutte le sostanze di cui il bambino ha bisogno;
5. Perché siamo a tavola con altri e non voglio fare brutta figura.

Se riusciamo ad arrivare alla motivazione che ci spinge a insistere nell'inscenare un'estenuante lotta di potere (che di solito non è mai "una", in quanto si ripete pressappoco a ogni pasto), abbiamo la possibilità di capire perché lo facciamo e, di conseguenza, di poter vedere se si tratta di una stupidaggine oppure no. Se scopriamo che si tratta di un falso mito siamo sempre in tempo a rimediare.

I 3 falsi miti svelati sull'Alimentazione

Vediamo se alcune delle motivazioni viste fino a ora sono dei falsi miti oppure no.

1° Falso mito sull'Alimentazione

Per paura che non si nutra abbastanza.

La natura del bambino

Come il pediatra Carlos Gonzales ci insegna nel suo libro *Mio figlio non mi mangia*, molto spesso le quantità di cibo che noi crediamo appena sufficienti per il bambino sono per lui più che abbondanti. I bambini di oggi, in situazioni comuni dove non vi sia ovviamente una situazione di forte disagio o di drammatica realtà familiare, sono in genere iperalimentati. Insomma, tutti quanti mangiamo un po' troppo e i bambini, che sono maggiormente in contatto con il loro corpo, spesso ci dicono basta. Oppure, sempre in accordo con il loro corpo, chiedono di mangiare quando, secondo noi e secondo un orologio che non è detto essere biologico "*non è ora*". Quindi i bambini, soprattutto se poco condizionati, sanno cosa e quanto mangiare.

2° Falso mito sull'Alimentazione

Perché "per educazione" si finisce tutto.

La natura del bambino

Qui dobbiamo scegliere da che parte stare, se dalla parte dei condizionamenti o dalla parte della Natura. Se stiamo dalla parte della Natura dobbiamo sapere che non è detto che le dimensioni dello stomaco di un bambino possano contenere la quantità di cibo che secondo gli adulti è necessaria per il suo sostentamento. Infatti, di solito, esageriamo per eccesso. E non è detto che il bambino abbia sempre fame quando ha fame anche l'adulto o quando l'orologio dice che è ora di pranzo! Spesso ci sono delle variabili, oltre a quelle dettate da dinamiche affettive, quali ad esempio l'ora in cui si è svegliato, quando e come ha fatto colazione, quanto ha giocato, se sedersi a pranzare lo sta distogliendo da qualcosa che per lui è più appagante e "appetitoso" ecc.

Possiamo dunque iniziare intanto a riempire meno questo piatto, molto meno, e poi aggiungere nel caso in cui il bambino ne voglia ancora. Senza poi dire: "*ne hai già preso tre volte, mangia anche il resto!*" ("che pizza!" A noi genitori non ci va mai bene niente!). Siamo individui sovralimentati e instilliamo questa abitudine anche nei bambini che invece sanno ascoltarsi e mangerebbero il giusto. Quando invece chiedono di riempirsi molto, di mangiare pasticci fuori pasto o quando hanno problemi di soprappeso, solitamente i motivi, oltre che di cattiva alimentazione, sono di ordine affettivo. Lo vedremo più avanti.

3° Falso mito sull'Alimentazione

Perché io ho deciso così e lui deve fare quello che dico.

La natura del bambino

Arroccarci con le unghie e con i denti al nostro piedistallo, questo ci da sicurezza e nasconde la fragilità che percepiamo nel nostro ruolo. Utilizzare "il polso" per tenere testa ai bambini e dare origine noi stessi a una lotta di potere non serve ed è dannoso. Inoltre, trasmettiamo il messaggio per cui le cose si ottengono con l'autorità e l'imposizione. Appresa questa lezione, nostro figlio userà la stessa modalità con noi quando sarà più grande (ciò che semini raccogli!) e nelle relazioni con gli altri per il resto della vita.

Il bambino ha bisogno di percepirci come GUIDA e come SOSTEGNO FIDATO, non certo come antagonisti da cui difendersi.

In più, se l'obiettivo è che impari delle regole, anche in questo caso, come ormai avrai capito, non stiamo utilizzando la modalità elettiva per il bambino. Ci sono altre frasi che abbiamo sentito qua e là, e che riportiamo qui di seguito:

- Imbocca prima lui e poi mangia tu;
- Chiedi cosa vuole mangiare e fallo scegliere;
- Digli che se non mangia dopo non avrà niente;
- I bambini non mangiano perché pieni di caramelle e merendine o perché sanno che i genitori gli daranno altro dopo un'ora. Al di fuori dei pasti non si mangia;
- Invece di dire: "*Se mangi ti do un cioccolatino*", dite: "*se non hai fame per la bistecca allora neanche per la caramella*";
- Insisti;
- I bambini non si sanno autoregolare e quella dell'alimentazione è un'abitudine che va appresa, imparata;
- Non mangia perché fa solo delle storie.

Il ruolo affettivo del cibo

Vogliamo approfondire con te questo aspetto in quanto crediamo fortemente che, in quasi tutte le problematiche legate al cibo, svolga una parte decisiva il ruolo affettivo che questo riveste. Lo sappiamo e troppo spesso ci è capitato di dover risolvere problemi legati al rapporto con il cibo spostando lo sguardo dal "*mi piace, non mi piace*", "*ho sempre fame*", "*non digerisco*", "*non ho fame*", per volgerlo alla motivazione profonda che si cela dietro queste risposte.

Da adulti potremmo chiederci: perché, invece di trovare SCUSE, mio figlio non mi dice direttamente qual è il PROBLEMA?

I bambini non sono in grado di farlo e se sono ragazzi ma non hanno avuto modo di imparare a esprimere i propri sentimenti, neppure. I bambini, infatti, hanno bisogno di un adulto che possa accogliere e intuire quello che provano, che sappia leggere tra le righe e aiutarli a esprimere quello che sentono. Se questo non avviene, bambini e ragazzi utilizzano quello che hanno a loro disposizione per manifestare i loro disagi: il corpo tramite le somatizzazioni, l'aggressività, il pianto (non serve per pulire la cornea, come leggerai tra le idiozie più avanti), la scontrosità e il "no!", l'isolamento, la trasgressione, il sonno e anche il cibo. Quali sono le avvisaglie che possono farci capire che il bambino sta utilizzando il cibo per inviarci dei segnali del suo disagio? Eccone alcune:

1. Qualsiasi cosa proponiamo ci dice "no";
2. Gli piacciono pochissimi alimenti, anche se mamma e papà hanno un'alimentazione ricca e varia;
3. Con gli altri mangia e con mamma o papà "fa storie";

4. Vuole solo "pasticci" (dolci, merendine, snacks, gelati confezionati ecc.);
5. Anche se cuciniamo quello che gli piace o quello che ha chiesto, tende a rifiutarlo;
6. Richiede molto cibo anche fuori pasto e quando mangia lo fa in modo spasmodico;
7. Rifiuta il cibo.

Quando episodi di questo tipo si protraggono nel tempo e percepiamo che potrebbero nascondere un disagio profondo del bambino, dobbiamo iniziare a porci delle domande.

È necessario chiederci che cosa potrebbe esserci nella relazione con nostro figlio da migliorare o che non ha funzionato in passato, tanto da originare in lui delle FERITE EMOTIVE o dei RANCORI. In particolare, il bambino può utilizzare il momento del cibo per manifestare il suo DISAPPUNTO verso di noi.

I bambini conoscono bene la complessità degli adulti e sanno quando un loro disagio può essere ascoltato oppure no. Per esempio, se si sentono trascurati, se hanno la sensazione che siamo stati poco con loro o che non li abbiamo considerati abbastanza e hanno bisogno delle nostre attenzioni, sanno che sarebbe da sciocchi chiederle mentre guardiamo la TV o mentre siamo impegnati in qualcosa o non stiamo facendo nulla. So che forse stai pensando "*ecco, quello è il momento giusto in cui mio figlio può chiedermi le attenzioni: non sto facendo altro o comunque non vado di fretta, sono abbastanza rilassato e ho la mente discretamente libera*". Peccato che i nostri figli non siano delle macchine a gettone, anzi, sono molto perspicaci e sanno che per ricevere le giuste attenzioni le devono chiedere quando abbiamo i minuti contati. Ad esempio, non è raro vedere i bambini che si inventano di tutto e di più proprio cinque minuti prima di uscire o quando già siamo in ritardo: non vogliono cambiarsi, hanno mal di pancia, vogliono la maglia verde che è sporca e non quella rossa pulita, siamo a gennaio e vogliono le infradito al posto degli stivaletti.

Oltre a questo sono consapevoli del fatto che possono attirare la nostra attenzione se lo fanno utilizzando quello che ci sta particolarmente a cuore, come il cibo. Se il bambino inizia a fare ripetutamente storie sul cibo, è probabile che ci preoccupiamo molto, molto di più che per una sbucciatura al ginocchio o per un capriccio per la TV. Lo facciamo perché per noi sull'alimentazione non si può scherzare, perché potrebbe soffrire di carenze nutritive, smettere di crescere, ammalarsi ecc. Nostro figlio sa che in questa situazione ci prodighiamo per chiedergli se vuole altro, o viceversa gli neghiamo cibo differente o, ancora, gli chiediamo perché non gli piace. Oltre alla reazione esterna, sentirà che in qualche modo ci stiamo affannando o infastidendo e sa che molleremo i fornelli per prendere in mano la situazione ("*finalmente mi guarda!*", "*finalmente vede che ci sono*"). C'è anche un aspetto più sottile e importante da approfondire.

I bambini ricorrono a questi mezzi solo come ultima spiaggia. Non sentendosi amati nel modo adeguato e patendo la carenza di attenzioni di qualità, cercano di ottenere le attenzioni anche in altri momenti ma, senza un riscontro tangibile, ricorrono a queste strategie con la speranza che pur riprendendoli, pur preoccupandoci, noi torniamo a occuparci di loro.

Possiamo invertire la rotta iniziando a dedicare ai nostri figli momenti di vera qualità. Loro sono già al primo posto nel nostro cuore, ma glielo dobbiamo dimostrare sempre, senza mai stancarci. E per far sì che anche nostro figlio lo senta, dobbiamo farlo come piace a lui e non come fa comodo a noi. Così non avrà la necessità impellente di creare situazioni disarmoniche per farci rendere conto del fatto che si sente trascurato. A questo punto ne approfittiamo per condividere con te una considerazione sottile.

Se il bambino, che impara per imitazione, osserva in famiglia adulti che non si esprimono ma reagiscono, che faticano a dire quello che hanno, che covano rancore e si arrabbiano, che accumulano e poi esplodono, è più facile che anche lui non esprima immediatamente quello che prova e che per farcelo capire cerchi momenti in cui poter accendere la miccia, lo fa anche lui "accendendosi", cercando lo scontro o facendo il muso, proprio come vede fare a noi. Se invece noi per primi ci impegniamo nell'esprimerci senza reagire, a dargli l'amore e le cure che richiede, giochiamo in anticipo ed evitiamo ai nostri figli ferite lungo il percorso.

Il bambino può inconsapevolmente rifiutare il cibo perché sta rifiutando qualche ATTEGGIAMENTO per lui dannoso che arriva o è arrivato da noi in passato.

Il primo nutrimento che il bambino riceve o non riceve è il latte materno. Il primo nutrimento di amore che riceve è quello nell'utero materno durante i nove mesi di gravidanza. Anche una volta avvenuta la nascita, il bambino non distingue, e non lo farà per molto tempo, il senso di fame e il suo appagamento dal bisogno di amore e il suo appagamento.

Latte e coccole danzano insieme instancabilmente, creando per lui una musica sublime, appagante e totalizzante. Questa sensazione permane nel bambino e si riverbera con il passare degli anni anche quando è adolescente o quando diventa adulto lasciando una sua "firma", tale per cui il cibo rimane in qualche modo legato indissolubilmente al riempimento affettivo, all'amore e... alla mamma, la nostra prima fonte di cibo e amore (questo vale anche se siamo stati allattati artificialmente). Ecco perché molte delle diatribe legate al cibo si risolvono sciogliendo gli eventuali nodi nel rapporto tra il bambino e la sua mamma. In realtà, possiamo confermarti che ogni qual volta abbiamo risolto il conflitto latente del bambino con la sua mamma, abbiamo risolto anche il relativo problema legato al cibo.

Forse sta succedendo anche a te mentre leggi queste pagine: molte mamme si sentono un gran peso addosso, peso che spesso diventa una sorta di senso di colpa, oppure si accusano. Non è il caso. Se ci sentiamo in colpa possiamo accogliere questo sentimento come "senso della colpa". Se con il senso *di* colpa siamo indotti a lamentarci e accusarci, andando a riempire l'aria di "fuffa", con il senso *della* colpa, ovvero dell'eventuale inconsapevole "svista" o "inciampo" (come preferiamo chiamarlo), possiamo invece fare una cosa bellissima: rimediare! E come si rimedia? Si rimedia prendendo in mano la situazione, sciogliendo i nodi, recuperando sul passato e iniziando a fare ora quello che non abbiamo fatto prima, quando non sapevamo che quello sarebbe stato il vero bene per nostro figlio. Ribadiamo che riscoprendo le tue innate qualità genitoriali e i principi di Madre Natura stabiliti per la crescita puoi sempre recuperare il rapporto con tuo figlio ed eventuali "sviste". Il primo passo è scoprire che c'è una via maggiormente in linea con i bisogni di tuo figlio; il secondo è quello di apprendere le informazioni per risanare eventuali mancanze; il terzo è agire giorno dopo giorno. Esiste poi un quarto passo, forse il più importante di tutti: raccogliere i frutti e osservare i miglioramenti ottenuti con il tuo impegno e la tua perseveranza!

Se rimediamo serenamente all'offesa arrecata, recuperiamo il rapporto e nostro figlio sana la sua ferita ottenendo quel pieno di amore e di attenzioni che avrebbe desiderato in passato, senza riportare conseguenze particolari. Più il bambino è piccolo e tanto più sarà immediato il recupero, in quanto in tenera età si è maggiormente legati simbioticamente alla madre. Con il passare degli anni, man mano che il ragazzo forma la sua propria individualità, il processo potrà risultare un pochino più lungo e spesso richiedere un intervento anche sul ragazzo. Infatti, in questa situazione non sarà sufficiente lavorare sulla mamma, ma occorrerà coinvolgere direttamente anche il ragazzo in un percorso volto al risanamento del vuoto affettivo. La stessa cosa vale nel caso in cui si tratti di adulti.

Tornando a noi e ai nostri vuoti affettivi, che cosa accade realmente nel bambino? Poiché, anche se inconsciamente e senza rendersene conto collega in modo indissolubile il cibo alla mamma, va da sé che, qualora nutra del rancore nei suoi confronti o abbia vissuto i primi periodi della gravidanza o del dopo nascita con qualche difficoltà (non era per vari motivi desiderato, ci sono state complicazioni, l'allattamento è stato difficoltoso, c'è stato poco contatto corporeo con la mamma o uno svezzamento prematuro ecc.), manifesterà un rapporto difficile con il cibo.

Potremmo chiederci a questo punto: perché se c'è questa ferita in relazione alla mamma, il figlio non se la prende direttamente con lei? A volte lo fa anche: è rancoroso, distaccato, tutto quello che fa la mamma non va bene, tende a rifiutarla e a fidarsi maggiormente del papà o di un'altra figura vicina alla famiglia, per esempio un nonno o una nonna, cerca di frequente motivi per innescare un

conflitto e scaricare così la sua tensione interiore.
Oltre a questo c'è una spiegazione molto più semplice in risposta alla nostra domanda: non se la prende direttamente con la sua mamma perché non può. Non può perché la sua mamma è e rimarrà sempre la sua mamma. Mamma e papà sono le uniche vere fonti di amore che il bambino brama con tutto se stesso fin dal primo giorno della sua esistenza. Sa che dall'amore incondizionato di mamma e papà, e dal loro agire secondo i suoi bisogni e secondo la sua natura, dipendono la sua sopravvivenza e la maturazione affettiva, che gli permetterà una crescita ideale a garanzia della manifestazione di se stesso e del suo progetto di vita.

Tutti i bambini piuttosto modificano se stessi, ma non TRADISCONO mamma e papà. Piuttosto tradiscono la loro natura, ma non i propri genitori, perché il BISOGNO del loro AMORE puro è troppo grande e ne vanno costantemente alla ricerca.

Potresti domandarci: ma se così fosse, il bambino non può fare finta di niente, metterci una bella pietra sopra, scordarsi del passato e tornare a "fare il bravo" per assecondare mamma e papà, ottenendo in questo modo il loro amore?
Ricordiamoci che l'adattarsi per amore di mamma e papà non è proprio l'ideale. Ciò detto, no, non può farlo, perché quando una ferita è aperta la Natura fa di tutto per richiuderla e guarirla. Se ti

ferisci profondamente con un coltello mentre stai tagliando le carote alla julienne e inizia a sgorgare copiosamente il sangue, davvero te ne stai lì e aspetti? Probabilmente prendi subito un pezzo di stoffa con cui avvolgi stretto il dito per cercare di fermare l'emorragia oppure, se è grave, corri al Pronto Soccorso per farti dare qualche punto di sutura.

Per il bambino è la stessa cosa: anche lui non aspetta. Cerca fin da subito, con gli strumenti che ha a disposizione, di mostrarci il suo disagio, chiedendo di suturargli la ferita affettiva che, pur non zampillando sangue, causa un dolore che scorre copioso e abbondante. Se fossimo attenti nell'osservarlo e nell'osservarci, probabilmente coglieremmo subito il disagio, il nesso con la nostra relazione e potremmo porvi immediatamente rimedio. Ma, dato che di solito tendiamo a essere distratti, un po' per sbadataggine, un po' perché non crediamo o non sappiamo che davvero tra il cibo e la relazione affettiva possa esistere un nesso (la stessa cosa vale per tutti gli altri aspetti che ruotano attorno alla vita del bambino), non ce ne accorgiamo e non facciamo nulla di efficace.

Allora, a nostro figlio non resta che provare, riprovare e riprovare ancora, nella speranza che prima o poi in noi si accenda una saggia lampadina a illuminarci. A forza di tentativi a volte quella che inizialmente era solo una richiesta di aiuto e di attenzioni diventa quasi un'abitudine, un riflesso incondizionato: mi proponi il cibo e continuo a dirti no, ti chiedo "pasticci" perché ormai sono abituato così.

Con l'andar del tempo si può anche arrivare a CONFONDERE le due cose: il CIBO con l'AMORE. I bambini vogliono amore e attenzioni e ci chiedono la merendina, il cioccolato, il pacchetto di patatine o il trancio di pizza.

Vogliono rifiutare la nostra presenza perché si sentono feriti e dicono di no a qualsiasi cosa noi riteniamo salutare. Il fatto che possa diventare un'abitudine, ci chiarisce il perché sia necessario dedicare a questa questione del tempo in più per essere risolta.
Quindi, forse adesso ti è più chiaro per quale motivo il bambino utilizzi il cibo come "riempimento" di un vuoto affettivo e come strumento consolatorio.

Se tuo figlio, bambino o ragazzo che sia, ha un rapporto non armonico con il cibo, mangia molti dolciumi e carboidrati, durante i pasti si lamenta sempre perché non gli piace nulla, scarta la maggior parte degli alimenti, ma poi chiede in continuazione quelli che noi chiamiamo "pasticci", dovrebbe suonare il famoso campanellino d'allarme. Possiamo allora domandarci che cosa ci vuole dire e possiamo iniziare a metterci in discussione cercando di comprendere se la nostra relazione con lui fa ha fatto acqua da qualche parte, a causa di falle nascoste.
Ti facciamo qualche esempio pratico, raccontandoti delle espe-

rienze vissute tempo fa che uniscono questi tre aspetti, mostrandoci quanto possano essere legati tra di loro.

CASO PRATICO N° 5
Gloria (un anno) rifiuta il cibo e piange sempre

Abbiamo avuto la gioia di avere in affido una bellissima bambina con la sua mamma, che abbiamo seguito per qualche anno. Quando sono arrivate presso la nostra casa, Gloria aveva circa un anno e mezzo, manifestava i suoi disagi con pianti costanti, rifiutando qualsiasi tipo di cibo con "capricci", con lamenti e un piagnucolio costanti. Questo in qualsiasi situazione, dal cambio del pannolino al pasto, dal sonno al risveglio, dal bacio alla coccola. Ti raccontiamo questa esperienza perché il cambiamento di Gloria riguardo al cibo ci diede la certezza che anche emotivamente stava mettendo a posto i tasselli del suo passato. Se hai letto quanto scritto finora, puoi immaginare quanto potesse essere conflittuale il rapporto con la mamma. Il papà era inesistente, la mamma distrutta a causa di un passato doloroso fatto di abusi, violenze e solitudine: Gloria in questo panorama era solo una bambina di troppo di cui doversi occupare.

Per il timore che la bimba crescesse, pensando che la crescita avrebbe portato con sé guai peggiori, la mamma voleva far restare Gloria piccola il più a lungo possibile. I mesi passavano e se la bambina non voleva mangiare cibo solido, nessun problema, perché c'era sempre pronto il biberon di latte: in fondo meglio il biberon che

doversi mettere a imboccare una bimba sul seggiolone e veder così svanire la possibilità si sedersi tranquillamente a pranzare o a cenare! (Questo è normale nel caso in cui un genitore vive egli stesso con delle carenze affettive. A volte infatti, involontariamente, può fare dei "torti" al figlio o negargli il soddisfacimento di un bisogno naturale, perché lui stesso per primo ne è carente).
La mamma di Gloria era restia a iniziare a toglierle il pannolino di giorno per passare gradualmente alla mutandina. Se la bambina non camminava non era necessario correrle dietro! Meglio tenerla tutto il giorno in braccio o sul passeggino. In tutto questo, la bambina percepiva le tensioni della madre, sentiva il dis-amore (proprio nel senso di amore distorto perché, a un primo sguardo, la bambina sembrava per la mamma la cosa più importante e, probabilmente, in qualche forma lo era), pativa il mancato appagamento dei suoi bisogni naturali di crescita e per questo manifestava costantemente il proprio disagio.
A causa di una serie di motivazioni susseguitesi nel tempo, su decisione del giudice, la mamma venne allontanata dalla bambina.
Da quel giorno ci trovammo a occuparci della bimba a tempo pieno, consapevoli di doverla non soltanto accudire, ma ad aiutarla anche a superare le carenze affettive di tutta la sua giovane vita. Per questo ci prodigammo fin da subito nel donarle tutte le attenzioni amorevoli del caso e anche per darle la possibilità di crescere, di poter diventare grande correndo, sperimentando l'ambiente, giocando senza troppe limitazioni e paure. In particolar modo, ci

avvicinammo a lei serenamente, in modo equilibrato dandole tanto amore. Non abbiamo fatto nulla di speciale, se non quello che qualsiasi genitore avrebbe potuto fare conoscendo i principi della Natura e i bisogni innati dei bambini. Ti raccontiamo proprio questa esperienza perché i primi miglioramenti sono stati questi:

- Interruzione immediata dei pianti e del costante lamento;
- Autonomia sfinterica e desiderio intenso di correre e giocare;
- Trasformazione di Gloria in una "buona forchetta"!

Migliorando il rapporto con l'adulto di riferimento, sanando i traumi e le ferite del passato, avendo la sensazione di essere amata e protetta e non avendo motivo di manifestare disagi Gloria:

1. Giorno per giorno aumentava la sua capacità di affidarsi e di fidarsi di noi, e quindi di assaggiare e mangiare qualsiasi cosa proponessimo;
2. Da subito non ha più sentito il bisogno di avere il latte né come sostituto del cibo né come ninna nanna (o anestetico... come siamo più propensi a credere). La facilità e la velocità con cui questo risultato è stato ottenuto, considerando la difficoltà con la quale avviene invece in altre situazioni, crediamo sia dovuta soprattutto alla sicurezza che avevamo di fare la cosa giusta, la certezza che la bimba bevesse solo dal biberon perché dentro la

mamma c'era questo desiderio, questa difficoltà... e la bambina lo sentiva. Trovando in Roberta la sostituta della sua mamma, Gloria si è adattata a quello che Roberta stessa riteneva fosse giusto per lei. Poiché quello che riteneva giusto, sopra ogni dubbio corrispondeva anche a quello che la Natura prevede essere "giusto" per ogni bambino!

3. Da allora è diventata una "mangiona equilibrata": qualsiasi cosa senza storie, nutrendosi del giusto per il suo pancino e affidandosi a quelle che erano le nostre proposte senza esitazioni o particolari sospetti.

Che meraviglia averla vista tornare in poche settimane a sorridere e trovare quella libertà di crescere serena, così tanto bramata!

CASO PRATICO N° 6
Massimo (otto anni) vuole sempre i "pasticci" (e rifiuta le verdure)

Questa è la storia di una mamma e di un bambino che abbiamo seguito in consulenza. La mamma arrivò da noi presentandoci il suo problema e dicendo che suo figlio di otto anni non mangiava né frutta, né verdura. Così lei ogni tanto si vedeva costretta a "nascondere" qualcosa nel ripieno degli agnolotti o della frittata, ma non sempre la faceva franca: la verdura veniva scoperta e addio occasione! Per non parlare della frutta: Massimo assaggiava forse uno spicchio di mela ogni tanto, ma nulla più. Oltre a questo era un bambino molto ghiotto e domandava tutte quelle cose che secondo la mamma (e a ragion veduta) fanno tendenzialmente male alla salute se ne si abusa: dolciumi, merendine, gelati confezionati, patatine, fritti e simili. Lei davvero non sapeva come uscirne.

Anche in questo caso ci siamo chiesti se ci fosse qualcosa nella loro relazione che non funzionava o che non aveva funzionato in passato. Facendo qualche domanda alla mamma sulla sua storia scoprimmo che aveva delle altre difficoltà con il bambino, che era solito richiedere molte attenzioni, che voleva stare esclusivamente con lei e in più, come se il cibo spazzatura non bastasse, pretendeva anche molti giocattoli. Massimo voleva che gli venisse acquistato sempre qualche gioco nuovo e le sue richieste si delineavano come molto insistenti, tanto da portare la mamma allo sfinimento e tali da farle vivere l'intera situazione come un vero e proprio problema.

La donna con piacere misto a un po' di dolore (in verità si trattava di una donna molto forte che ha saputo affrontare tutte le difficoltà nel miglior modo possibile, sulla base della condizione in cui si era venuta a trovare), ci raccontò dei primi anni con Massimo difficili fin dalla gravidanza e ci confermò che suo figlio probabilmente non aveva ricevuto l'amore di cui aveva bisogno a causa della sua assenza fisica per motivi del lavoro e dell'assenza affettiva provocata dalle numerose preoccupazioni e paure che la madre viveva in quel periodo.

In questo clima, Massimo iniziò a non avere familiarità con il cibo, proprio come non aveva potuto familiarizzare con l'amore materno. Per questo prese a usarlo come strumento per poter esprimere la sua frustrazione e lanciare a sua mamma un segnale. Allo stesso modo, con le richieste ossessive delle attenzioni di mamma, considerate da un occhio distratto eccessive e inadeguate per un bambino di soli otto anni, Massimo cercava di recuperare l'amore perduto e, non ottenendolo, tentava di compensarlo con la richiesta eccessiva di giocattoli. Noi, dal canto nostro, sapevamo che ricucendo le ferite, recuperando le tappe affettive e sanando il vuoto, avremmo probabilmente risolto il problema e soprattutto aiutato Massimo a ritrovare il clima familiare di cui aveva bisogno. Ecco di seguito che cosa abbiamo suggerito alla mamma di fare:

- Coccolarlo molto, dedicargli tantissime attenzioni di qualità, facendo il possibile per non andare di fretta, per non pensare ad altro durante i momenti esclusivi che passava con lui. Coccolarlo anche prendendolo in braccio e cullandolo come se fosse stato molto piccolo, proprio per colmare quel bisogno dei primi mesi.
- Fare a Massimo un piccolo massaggino con oli essenziali prima di dormire, per ritrovare quel contatto naturale, puro ed esclusivo tipico del rapporto tra la mamma e il suo bambino. Il massaggio, in caso di carenze affettive, è molto utile perché da la possibilità al bambino che non ha potuto prendere consapevolezza di sé, di riconoscere il proprio corpo e dunque se stesso, proprio grazie al contatto materno.
- Non insistere, almeno temporaneamente, con trucchi e stratagemmi volti a inserire nella dieta di suo figlio frutta e verdura.

Piuttosto, le abbiamo consigliato solo di tanto in tanto con naturalezza e senza dover per forza innescare una discussione o una lotta.

- Anticipare il bisogno di Massimo di ricevere giocattoli. Le abbiamo chiesto di arrivare di tanto in tanto (in questo caso le consigliammo anche un giorno sì e un giorno no, a seconda delle circostanze e delle occasioni), con un piccolo giochino (senza la necessità di spendere una fortuna, s'intende) o con un oggetto fatto da lei, anche semplicemente un ventaglio di carta, una pigna raccolta rientrando, una piuma ecc. Nell'udire ciò, la donna ha tremato per un istante, temendo di scivolare nel pericolo di viziare irrimediabilmente il figlio e di non essere poi in grado di gestire la situazione. Ma, alla fine, ha deciso di darci fiducia, ci ha creduto senza timore del vizio e comprendendo il senso di quanto le era stato consigliato. Così, senza tentennare (questo a nostro avviso è stato uno degli elementi che ha fatto la differenza) ha seguito i nostri consigli. Vogliamo specificare che proporre questa soluzione senza accompagnarla con l'invito a coccolare molto il bambino, a ridonargli le giuste attenzioni, a comprendere la propria "responsabilità" di adulti, sarebbe stato un tentativo vano, anzi, avrebbe amplificato i "danni".
- Usare fiori di Bach sia per lei che per suo figlio.

Dopo circa 3 mesi, nonostante ci fossimo confrontati spesso, abbiamo fatto un resoconto ufficiale dei risultati. Ebbene, con nostra gioia e con suo stupore (unito naturalmente alla felicità):

1. Massimo aveva iniziato ad assaggiare e mangiare qualche verdura;
2. Aveva iniziato a integrare altra frutta oltre alla mela;
3. Si erano azzerate le richieste di giocattoli;
4. Senza ripeterlo e ripeterlo ancora, finito di vedere il cartone animato Massimo era arrivato a spegnere la TV da solo per andare a giocare all'aperto. Prima, invece, era da sempre stata una dura lotta, perché voleva costantemente guardare la TV;
5. Era ed è migliorata la loro relazione affettiva, nella quale la mamma è un ottima mamma e Massimo si può concedere di essere se stesso, oltre che un ottimo figlio (come del resto lo sono tutti i genitori e tutti i bambini, ma non sempre sanno come fare a tirarlo fuori e a manifestarlo);
6. È migliorato anche il rapporto con la scuola, con l'apprendimento e la relazione con i coetanei.

Caso pratico n° 7

Omar (sei anni) e le lotte con la mamma a pranzo

Omar era un bimbo di sei anni la cui mamma si rivolse a noi molto preoccupata perché mangiava esclusivamente tre cose e non da un breve periodo, ma sin da quando ha iniziato a nutrirsi di cibi solidi. La mamma era spaventata perché, nonostante Omar fosse un bambino vispo, sereno, in salute, vivace e senza nessun problema particolare, temeva gravi carenze nutritive.

Le uniche cose di cui la mamma ci rese partecipi furono le lotte estenuanti che si generavano al momento dei pasti, le richieste insistenti di Omar per avere spesso la mamma con sé, non solo per far i compiti ma anche per giocare, e un certo nervosismo del bambino nel cercare di dire sempre la sua e di contrariare la mamma, per poi magari capitolare e darle ragione. Abbiamo ripetuto pressoché lo stesso iter che ti abbiamo presentato nei due casi precedenti e questo è stato il risultato:

- Samira, la mamma, si è tranquillizzata molto in merito al rapporto che Omar aveva con il cibo e, non innervosendosi e preoccupandosi più, non dava modo al figlio di innescare una lotta estenuante. Cucinando lei per prima solo i cibi che facevano piacere a Omar, non c'era più motivo di accendere la miccia e, in più, il bambino si sentiva capito, amato e anche meno inadeguato.
- Dopo circa due mesi Omar ha iniziato spontaneamente a chiedere di assaggiare altre cose che venivano messe in tavola e che mangiavano anche mamma e papà, fino ad arrivare, non a mangiare di tutto, ma a gustare con serenità qualcosa di più, tanto da rendere la mamma serena e priva delle preoccupazioni precedenti.
- Samira si è sentita in condizione di potersi permettere di essere una buona mamma per Omar e ha fatto di tutto per riavvicinarsi al figlio, ottenendo ottimi risultati. Quando Omar era stato concepito, Samira aveva avuto grosse difficoltà ad accettare la gravidanza e, nei primi mesi, a prendersi cura di lui con un conseguente rimpianto e un profondo senso di colpa.

- Omar, nel frattempo, ha anche attraversato un periodo difficile dove confidava alla mamma di sentirsi triste e angosciato senza sapere il perché. Poteva sembrare un peggioramento o un disguido, come se qualcosa non avesse funzionato. Invece, per noi era tutto chiaro e positivo: finalmente Omar poteva esprimere l'angoscia provata da neonato e non era importante che lui se ne rendesse conto, ma era fondamentale che mamma e papà accogliessero questo stato d'animo in modo adeguato per permettergli di uscire e di risanare definitivamente la ferita. Così è stato e, anche con il contributo dei fiori di Bach, la quotidianità di Omar è tornata alla normalità.

In questo periodo di angoscia e tristezza del figlio, la mamma ci chiedeva quando tutto sarebbe finito. Ti scriviamo quello che le rispondemmo, perché ci permette di chiarire un aspetto generale. A lei dicevamo: «*non lo sappiamo, dipende dal bambino*», ed era proprio così. Il risultato finale, sia che si tratti di alimentazione, relazione, ferite affettive, sonno e altro, dipende da:

1. I tempi del bambino che, seguendo la sua natura, giorno dopo giorno ricuce le ferite. Questa tempistica non è prevedibile, si può solo osservare i mutamenti e sapere che agendo in un certo modo si otterrà un certo risultato;
2. Quanto mamma e papà si impegnano, nel mettere in campo un cambiamento nel loro modo di essere e di agire, tale che siano sempre più vicino ai principi di Madre Natura;

3. Quanto mamma e papà credono in loro stessi, nei loro figli e nelle potenzialità del cambiamento.

Cosa puoi fare fin da subito: le 4 indicazioni pratiche sul cibo

1. Prediligi l'allattamento al seno. Qualora non fosse possibile, come indicato anche dall'OMS, contempla il latte in polvere solo come ultima scelta.
2. Prediligi l'autosvezzamento: con pappette imboccate a forza e vasetti di omogeneizzato, come può il bambino prendere confidenza con il cibo e creare con lui quell'affinità necessaria per avere un rapporto positivo negli anni a venire?
3. Ricordati che il cibo è strettamente legato all'amore e, quindi, un ottimo rapporto con il tuo bambino farà sì che anche il rapporto con il cibo sia migliore.
4. Cura il tuo rapporto con il cibo. Ricorda che i bambini crescono imitando e assorbendo dall'ambiente. Se hai un buon rapporto con l'alimentazione e, soprattutto se l'approccio sarà neutrale, questo si rivelerà un buon motivo in più perché sia così anche per tuo figlio.

E se mio figlio è un adolescente?

Considerando che facciamo esempi che coinvolgono bambini piccoli o piccolissimi, una delle domande che ci viene giustamente rivolta di frequente è la seguente: "*ho capito, ma mio figlio adesso ha già 15 anni, è un adolescente, mangia quello che vuole* (*molto di quello che io non apprezzo: cibo da fast-food e molte "schifezze"*) *e, dato che fa molto più quello che vuole rispetto a quando era bambino, come posso recuperare con lui?*". Anche se tuo figlio è già un ragazzo, i principi di Natura non cambiano e il modo per sanare le ferite neppure.

Di certo non potremo prendere nostro figlio in braccio e tornare a cullarlo, forse sarà difficile fargli il massaggino prima della nanna, ma di certo possiamo:

- Evitare di accusarlo o giudicarlo, insistendo su come bisogna alimentarsi;
- Continuare a dare un buon esempio silenzioso;
- Ripercorrere la sua infanzia e il nostro rapporto con lui, valutando se abbiamo mancato in qualcosa, ed evitando di ripetere gli "scivoloni";
- Evitare di insistere per farlo diventare come vogliamo, cercando di comprenderlo di più e di renderci disponibili per capirlo, aiutarlo e sostenerlo;
- Continuare o tornare a dedicare del tempo di qualità al rapporto.

Come vedi, anche per i ragazzi, il nodo cruciale sta nel modificare la modalità del nostro approccio con loro, rendendola vicina ai loro veri bisogni. Per sapere meglio quali sono i bisogni del bambino e del ragazzo secondo i principi di Madre Natura, ti suggeriamo di leggerli o rivederli, qualora non lo avessi già fatto, direttamente ne *Smettila di reprimere tuo figlio.*

Un suggerimento dell'ultimo minuto, che riteniamo però fondamentale in particolar modo perché le conseguenze che comporta passano spesso inosservate. Se continuiamo a festeggiare momenti importanti (quali ad esempio la festa del compleanno) con bibite piene di conservanti, cibo spazzatura dolce e salato, elogiandoli; se ricorriamo a premi utilizzando dolciumi e altri cibi poco sani, come possiamo pretendere che i nostri figli non li associno a momenti di piacere o a eventi positivi, e che quindi non gli attribuiscano un valore affettivo che ne invoglia la richiesta? Allo stesso modo, quando ad esempio diciamo: "*visto che non hai mangiato la minestra, non ti do il gelato!*", come possiamo pretendere che un bambino non associ il cibo alla punizione?

Se osservi la natura del tuo bambino scoprirai che…
per lui il CIBO è soprattutto sinonimo di AMORE
e di NUTRIMENTO AFFETTIVO.

10

6ª Idiozia sull'Apprendimento
Ripetilo ancora una volta così lo impari meglio!

Se guidassi una scuola, darei un voto mediocre a coloro che mi forniscono le risposte esatte, per essere dei buoni pappagalli. Darei un voto alto a coloro che fanno un sacco di errori e me ne parlano e poi mi dicono che cosa hanno appreso da essi.

BUCKMINSTER FULLER

Partiamo con una serie di frasi e opinioni che in questo capitolo scoprirai essere idiozie:

- Il gioco è solo un gioco;
- I compiti sono utili perché grazie alla ripetizione l'apprendimento si rafforza;
- Se non lo fai per un po' di volte poi lo dimentichi;
- I voti sono un buon metro di giudizio per far comprendere al bambino a che punto è e per spronarlo a fare meglio;
- Per accettare i voti a scuola bisogna dare i voti anche a casa;
- Mettiamo chi è "bravo" in matematica con chi è "meno bravo" così l'uno aiuta e l'altro impara e si compensano;
- Mettiamo chi è più vivace accanto a chi è più calmo così che possano compensarsi e in modo tale che chi è più vivace non abbia benzina da gettare sul fuoco;
- È utile lodare il successo, ignorare l'insuccesso e valutare perché il bambino ha sbagliato e cosa gli serve per rimediare.

Fatti non foste a viver come bruti, ma per seguir virtute e canoscenza

Reduci da secoli in cui il popolo non aveva diritto all'alfabetizzazione, alla conoscenza, agli studi, abbiamo fatto e facciamo il possibile perché questo diritto venga preservato. Siamo consapevoli che non debba essere mai più un privilegio di pochi e sappiamo della sua importanza, di quanto sia rilevante sapere, apprendere, padroneggiare sempre più numerosi argomenti.

Perché facciamo tutto questo con così tanta foga e tanto impegno? Perché così sarà più difficile approfittarsi di noi: "*se non impari a usare bene i numeri quando sarai grande e andrai nei negozi lo sai che potranno fregarti i soldini?*". Forse perché tutta questa conoscenza permette di avere basi solide per costruirsi un futuro: "*vuoi fare l'architetto e costruire ponti, ma se non hai voglia di fare i compiti e di imparare queste cose adesso, come farai ad andare all'università?*".

Forse lo facciamo con un senso di rivalsa nei confronti di tutti coloro che nel passato sono stati dei privilegiati, e per dare voce a tutti quelli che invece non hanno mai potuto studiare: "*...pensa che io invece di starmene qua ad andare a scuola e fare due compiti, dovevo sempre andare a lavorare con il nonno in campagna*".

Tutte queste motivazioni, unite a quelle che ancora possono venirti in mente e allo spirito di iniziativa e all'impegno con cui cerchiamo di mettere in pratica il diritto allo studio, hanno prodotto il risultato a cui la nostra società attuale assiste. Tutti i bambini vanno a scuola a meno che non siano malati o che sia giorno di vacanza. Tutti i bambini continuano ad allenarsi anche a casa attraverso i compiti, a meno che non riescano a farla franca per gentile concessione di uno dei genitori o grazie a una buona dose di furbizia.

Almeno per i primi anni i testi su cui studiare sono gratuiti, anche se non è sempre così. Infatti, l'istruzione può essere cara fin dai primi anni perché, pur non essendoci ancora il vocabolario di Greco e di Latino da acquistare, ci sono lo zainetto di marca, il portapenne alla moda (che peraltro si cambiano quasi ogni anno)... per cui studiare torna a essere, ancora una volta un privilegio per pochi. Ma questo al momento non ha importanza, perché altrimenti rischiamo di andare fuori tema. Tornando quindi a noi: ci diamo un gran da fare per garantire a tutti le stesse possibilità, lo stesso punto di partenza e le stesse basi iniziali prima di intraprendere la vera corsa della vita, durante la quale si vedrà chi avrà la meglio, grazie alle doti personali (la famosa meritocrazia).
Ma siamo sicuri che stiamo facendo un buon lavoro?
Siamo sicuri che tutto questo zelo da parte degli adulti che decidono, stabiliscono e gestiscono sia il vero bene del bambino?
A quanto pare sì e comunque "il fine giustifica i mezzi". E quindi per amore della conoscenza, anche se chi veramente lo ha voluto fin dalla notte dei tempi ha sempre imparato l'impossibile pur con mezzi differenti, ci prodighiamo per mettere a disposizione dei bambini e dei ragazzi tutti quegli strumenti secondo noi ideali che gli permetteranno di conoscere, sapere e coltivare la propria intelligenza.

Gli strumenti di coercizione… Ops!… a disposizione

«*Fatti non foste a viver come bruti, ma per seguir virtute e canoscenza*». Così disse l'Ulisse di Dante davanti alle colonne d'Ercole ai suoi compagni di ventura. Parole sante! L'uomo è fatto per conoscere, per evolvere, per crescere, per migliorarsi e per migliorare la realtà che lo circonda, per pulirla dalla polvere e farla brillare in tutto il suo splendore.

Ma siamo proprio certi che tutto quello che abbiamo organizzato perché i bambini e i ragazzi apprendano il più possibile sia davvero efficace?

Evidentemente sì, perché ci stiamo impegnando un sacco. Temiamo così tanto il pericolo dell'ignoranza e delle differenze sociali che siamo disposti a praticare qualsiasi soluzione pur di raggiungere il nostro obiettivo. Per esempio:

- Onde evitare di perdere giorni preziosi, continuiamo ad anticipare la prima scolarizzazione: da sette anni siamo passati a sei e, a volte, anche a cinque; l'ultimo anno della scuola materna prevediamo attività pre-scolastiche e di prescrittura, cosicché i bambini arrivino in prima elementare non dovendo perdere tempo a imparare l'alfabeto.
- Onde evitare distrazioni inutili, chiediamo loro di rimanere fermi, seduti e composti per parecchie ore di fila.

Non sempre ci riusciamo perché questi bimbi di oggi "si ribellano" e a volte vogliono andare a fare la pipì, andare a fare una fotocopia o andare dall'altra parte dell'aula a chiedere un foglio, oppure devono temperare la matita nel cestino ogni 5 minuti (chissà che cosa hanno in quella testa!).

- Onde evitare che vengano battuti sul tempo (magari da cuccioli di razze extraterrestri), facciamo di tutto per ampliare di anno in anno la programmazione scolastica: aumentiamo le ore, gli argomenti e facciamo richieste di prestazioni più serrate ai nostri ragazzi.
- Onde evitare che i nostri studenti credano di sapere ma che in realtà non sappiano, mettiamo a loro disposizione il sistema dei voti affinché, grazie alla supervisione di un esperto e al suo insindacabile giudizio, possano prendere coscienza della propria ignoranza.
- Onde evitare che corrano troppo in fretta, senza aver assimilato le giuste nozioni o i requisiti minimi richiesti (secondo chi o quale metro di misura non si sa), diamo loro la possibilità di rifare un anno ripetendo le stesse cose, per avere una seconda possibilità (a volte anche una terza).
- Dato che sappiamo che la salute è altrettanto importante, uniamo all'apprendimento teorico anche una buona dose di sport settimanale e, onde evitare che i ragazzi non si impegnino abbastanza ricorriamo all'agonismo,

così che siano sempre invogliati a dare il meglio e quindi per celebrare l'acclamata *mens sana in corpore sano*.
- Onde evitare che i ragazzi confondano lo studio con il gioco, abbiamo ideato metodi accademici seri e razionali, per insegnargli che la scuola è una cosa seria e che quando si apprende non si gioca. Si eviteranno così distrazioni, tempo perso, mancanza di serietà e si favorirà la presa di responsabilità.

Ma quanto siamo premurosi?! Ma quanto ci diamo da fare per le future generazioni!? Siamo proprio bravi, lungimiranti e attenti...

Perché i bambini e i ragazzi a scuola spesso si annoiano?

Riflettiamo tutti, e seriamente, sulle seguenti domande.
Dato il nostro impegno e i programmi studiati *ad oc*, come si spiega che questi ragazzi non sempre amino trascorrere le loro giornate con i doveri scolastici, che non sempre adorino fare i compiti e non chiedano mai che ne vengano dati di più?
Come mai non amano stare seduti ad ascoltare l'insegnante che parla e che spiega?
Come mai a volte si sentono affaticati e chiedono di poter rimanere a casa?

Come mai non mettono volontariamente prima la sveglia la mattina per approfondire le lezioni e per arrivare a scuola in anticipo?

Come mai, nonostante tutta questa organizzazione, non sembrano MAI ABBASTANZA PREPARATI **e, passato qualche mese, a volte anche solo qualche settimana,** NON RICORDANO **più quello che hanno imparato se non qualche piccolo dettaglio o un discorso vago e a grandi linee?**

Come mai perdono così in fretta la passione e la curiosità, tanto che arrivati alle scuole superiori sono a volte fortemente demotivati, tristi o ribelli?

Questo fatto proprio non si spiega. E se proprio vogliamo ridercela un po', ogni tanto, invece di ringraziarci per quello che organizziamo per loro, per il tempo che dedichiamo loro all'interno degli istituti scolastici, ci rispondono con ingratitudine in questo modo*:

«L.F: giustifica l'assenza del 25/05/1999 con: mi sto preparando con largo anticipo alla fine del mondo»;
«L'alunno D.L. giustifica l'assenza con: ha ceduto una diga in Puglia (siamo in Lombardia)»;
«Per festeggiare la sufficienza in arte L.S. spara un fumogeno dalla finestra dell'aula»;
«C. aizza i compagni a lanciare penne e gomme verso il sottoscritto»;

* Tratto da *www.notadisciplinare.it*

«In classe volano patate e altri ortaggi»;
«L'auto della professoressa di storia è bersaglio degli sputi di F.S.»;
«L'allievo F. non è sensibile ai miei stimoli culturali»;
«La classe dopo ripetuti richiami continua a simulare un insistente terremoto battendo i piedi sul pavimento»;
«In classe si inneggia alla rivoluzione»;
...

A volte, invece, gli alunni sembrano disperati e adottano comportamenti preoccupanti:

«D.L. abbaia durante la lezione»;
«L'alunno T.U. butta il proprio banco e la sedia del suo compagno fuori dalla classe per motivi ignoti»;
«L'alunno B.D. peregrina senza meta per la classe»;
«L'alunno F.M. ritorna dal bagno dopo 20 minuti dicendo che non lo trovava»;
«C. disturba la lezione dando testate al muro»;
«R.P. si autoestrae un dente nell'ora di Filosofia»;
...

Altre volte ancora, proprio come i neonati che, per non sentire il troppo disagio, si adattano e cercano di compensare, ecco cosa fanno:

«D. dice di andare in bagno: va a fumare e torna con cappuccino e brioches a fare colazione in classe»;
«L'alunno M. persevera nel dirigere e nell'allestire cori dall'anda-

mento REP (i compagni lo seguono impedendo la prosecuzione della lezione)»;
«L'alunno M.S. costruisce con impegno la sorpresa trovata dentro il cioccolato, che si è mangiato durante la spiegazione»;
...

Certo che il fatto proprio non si spiega.

... oppure si spiega troppo bene, ma il solo pensiero che sia tutto da rifare ci fa desistere dall'ipotizzare e concretizzare soluzioni secondo Natura, ovvero, efficaci e a favore della natura di bambini e ragazzi, che si plasmino sulla loro INNATA MODALITÀ DI APPRENDIMENTO.

Dopo questa confessione alcuni di noi potrebbero essere tentati di cercare immediatamente il colpevole, di additarlo, stanarlo e punirlo. Se è vero che i ragazzi non sono molto soddisfatti di come facciamo imparare loro cose nuove, allora bisogna trovare la causa: "*come dite sempre voi, Antonio e Roberta, bisogna andare alla motivazione ultima e quindi: chi è stato?!*"
Del resto lo facciamo anche sempre con i bambini: "*chi è stato?!*"
Saranno stati i genitori: non gli hanno insegnato il rispetto, il valore dell'impegno, l'importanza dell'istruzione. Gliele hanno date tutte vinte, li hanno viziati e coccolati, e così adesso non sanno faticare.

Saranno stati gli insegnanti: non si sanno far rispettare, non si impegnano nel rendere le lezioni interessanti, sottovalutano le potenzialità dei ragazzi. Pretendono troppo, non li capiscono e sono troppo duri o troppo assenti verso le problematiche degli alunni.
Saranno stati i direttori didattici: non sanno organizzare le attività, non inventano nulla di coinvolgente, gestiscono male le classi, fanno stancare gli insegnanti per i continui colloqui e stanno dalla parte dei grandi e non dalla parte dei bambini
Sarà stato il sistema: non ha capito nulla di come sono fatti i bambini e i ragazzi, né dei loro bisogni e delle loro attitudini. Li vuole addormentare anziché svegliare, non gliene importa nulla di fare il bene delle nuove generazioni, di migliorare le scuole e l'istruzione.
Saranno stati l'inquinamento o le scie chimiche: ci hanno annebbiato il cervello e l'apprendimento risulta in molti casi ritardato. Diamo tutti quanti segnali di pazzia!
Probabilmente non è nulla di tutto questo. Ci sembra di giocare a palla avvelenata. Chi la vuole questa responsabilità? Nessuno. Perché nessuno ce l'ha veramente. Non crediamo sia responsabilità di qualcuno, perché anche in questo caso stiamo subendo l'influenza di schemi del passato.

Perché gli insegnanti sono dei santi

A questo proposito vogliamo spezzare una lancia a favore di tutti

gli insegnanti che, quotidianamente, si prodigano con tutto l'impegno possibile per fare e per dare il meglio. Chi ci conosce lo sa: li definiamo spesso angeli e individui che meritano la "santità", perché cercano tutti i giorni di fare il loro lavoro in condizioni che non solo sono contro Natura per il bambino, ma anche contro la natura dell'insegnante stesso.
Quindi, "il fatto" si spiega riconoscendo che ci siamo adattati a un sistema obsoleto e inefficiente che rallenta l'apprendimento, che non considera i ritmi del bambino né le sue tappe di crescita, le sue passioni e i suoi talenti. Se da un lato non abbiamo colpe, dall'altro vale il detto per cui: *non è responsabilità tua se non sei nato ricco, ma è responsabilità tua se morirai povero*. Quindi, di certo possiamo e dobbiamo fare il possibile per:

1. Diventare coscienti di tutte le Idiozie che stanno negando alle future generazioni di manifestare la loro genialità;
2. Conoscere quello che la loro natura prevede nell'ambito dell'apprendimento; quali sono le modalità con cui i bambini imparano velocemente e divertendosi; come recuperare tempo indirizzandoci verso le potenzialità di ciascuno;
3. Fare delle scelte secondo coscienza che, una volta applicate, possano portare al cambiamento.

Ci teniamo a sottolineare che se è vero che esiste un sistema a cui ci adattiamo, questo non si delinea come un organo indefinito e a sé stante, ma siamo noi che lo componiamo e, a ben vedere, non siamo costretti a sostenerlo. Possiamo fare come fa l'acqua con la roccia e a piccoli passi, giorno dopo giorno, modificare le cose. Se credi che sia impossibile, tra poco ti mostreremo che così non è. Nel frattempo, andiamo a vedere quali sono questi schemi e queste false credenze a cui ci adattiamo. Alcune le abbiamo già elencate poco fa, ma entriamo ora nello specifico.

I 6 falsi miti svelati sull'apprendimento

Dimmi e io dimentico. Insegnami e io ricordo.
Coinvolgimi e io imparo.
BENJAMIN FRANKLIN

1° FALSO MITO SULL'APPRENDIMENTO

I voti sono un buon metro di giudizio per far comprendere al bambino a che punto è, e per spronarlo a fare meglio.

La natura del bambino

Dare il voto serve quando vogliamo umiliare l'individuo: non sei in grado di sapere da solo che cos'hai o che cosa ti manca, e te lo devi far dire da un altro.

Dare il voto serve quando vogliamo tenere l'individuo schiavo e sottomesso: sono io che ti valuto, sono io che decido per te sulla base di un mio metro di giudizio personale e insindacabile.

Dare il voto serve quando vogliamo impedire all'individuo di essere davvero autonomo: da solo non puoi sapere, il tuo senso critico non basta e ti serve sempre qualcuno dall'esterno che ti dica le cose come stanno (e poi ci stupiamo se i giovani di oggi ci sembrano dei "rammolliti").

I voti hanno come conseguenza deleteria il fatto di crescere i rappresentanti delle future generazioni DIPENDENTI, SFIDUCIATI, a caccia del premio o TIMOROSI DELLA PUNIZIONE, schiavi del fare anziché padroni dell'essere.

Quello che invece dobbiamo fare è smettere di utilizzare il voto come arma di potere e coltivare nel bambino un proprio senso di valutazione sincero, neutrale e trasparente. Dobbiamo impegnarci affinché ritorni in lui la voglia di imparare per il gusto di conoscere, di maturare, di acquisire competenze sempre più sofisticate per migliorare se stesso, la propria esistenza e quella degli altri.
Se provi a metterti nei panni dei ragazzi, scopri che oggi vivono troppo spesso tra una profonda apatia e uno stress elevato, avendo come unico sottofondo la preoccupazione del compito in classe, della valutazione, di sapere e di ricordare nel momento in cui si trovano davanti all'insegnante, di fare bene il compito e di finire, perché altrimenti... Quando invece tutta quest'ansia non c'è, vivono una sorta di noiosa rassegnazione dove prendono a spizzichi e bocconi qualche cosa che arriva dall'adulto, senza

essere più in grado di autoalimentare la propria curiosità e la propria capacità innata di imparare da soli.

2° Falso mito sull'apprendimento

La modalità accademica e frontale attuale va bene per insegnare.

La natura del bambino

Ci sforziamo di tenere gruppi di 18, 20, 25 bambini o ragazzi attenti e partecipativi senza riuscirci con quotidiana regolarità, perché usiamo i modi sbagliati per intrattenerli e stimolarli. Non è vero che sono più stanchi il venerdì oppure all'ultima ora. O meglio, è vero che lo sono, ma semplicemente perché hanno accumulato ore (se non una settimana intera) di noia e frustrazione. I bambini non sono fatti per stare fermi immobili a imparare, in ascolto passivo di un individuo che parla, sciorinando tutta una serie di informazioni che poi dovranno ripetere, memorizzare e ricordare per sempre.

Noi siamo fatti per imparare dall'esperienza.
Impariamo meglio se possiamo muoverci coinvolgendo anche il nostro corpo mentre apprendiamo.
Impariamo davvero se possiamo trovare in modo spontaneo le soluzioni, se ci è dato di rispondere ai perché della vita trovando le risposte dentro di noi, senza doverle assimilare preconfezionate e impacchettate.

Gli studi di Edgar Dale: il cono dell'apprendimento

Il pedagogista Egdar Dale ci ha lasciato una serie di studi molto interessanti sull'apprendimento. Ha scritto diversi libri, non ancora tradotti in italiano, come *Audio-visual methods in teaching*. In particolare ha studiato l'impatto che hanno sui ricordi i diversi tipi di esperienze. Guarda qui cosa è emerso:

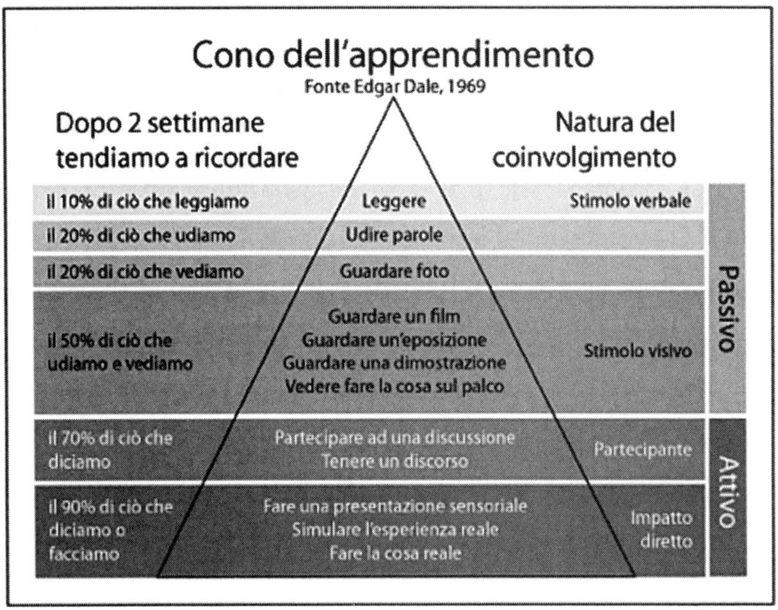

Il "Cono dell'apprendimento" di Egdar Dale
tratto dal libro "*Audio-visual methods in teaching*".

Come si evince dal cono di Egdar Dale, i modi meno efficaci per imparare e ricordare sono le esperienze passive, quali la lettura e l'ascolto, due modalità molto utilizzate ancora oggi, a volte a discapito di altre più efficaci. La percentuale dei ricordi aumenta spostandoci verso la base del cono, con il 50% di capacità di ricordare tramite le attività che stimolano la vista come i filmati, i film e le dimostrazioni dal vivo. La quantità dei ricordi aumenta ulteriormente con la prima forma di azione (per esempio quando condividiamo l'argomento con un amico o parliamo in pubblico). Ma il turbo alla capacità di ricordare, arriva però con le azioni attive al 100%, attraverso le quali agiamo e viviamo in prima persona l'esperienza. Le prime volte, magari, commettiamo delle imprecisioni e saremo lenti, ma con la pratica acquisiremo l'abilità e la padroneggeremo per sempre. Abbiamo il massimo apprendimento grazie "al fare", quindi al vivere e allo sperimentare in prima persona i concetti appresi, al fare esperienza dirette con i sensi. Ecco dunque la differenza fra il sapere *cosa*, cioè il conoscere solo la teoria, e il sapere *come*, cioè l'aver raggiunto la padronanza di una determinata abilità o capacità.

L'esperienza diretta che comporta il coinvolgimento dei sensi trasmuta l'apprendimento da noioso e passivo (con l'esclusivo ascolto e lettura) a divertente, stimolante per il nostro cervello. Ecco perché dare voti bassi per gli errori commessi è contro l'apprendimento: il poter apprendere attraverso l'esperienza reale comporta, almeno per le prime volte, imprecisioni e inesattezze. Se fin dai primi tentativi giudichiamo un bambino o un ragazzo, lo inibiamo e lo castriamo. Prova a riflettere su tutte le volte in cui hai

imparato un qualcosa di nuovo: dall'andare in bicicletta all'uso del computer; dal guidare la macchina a usare il computer. Le prime volte hai commesso degli errori? Ma, andando avanti, sei diventato sempre più sicuro fino a padroneggiare completamente l'abilità, tanto da farla diventare inconscia e automatica, come quando oggi guidi la macchina e contemporaneamente ascolti la radio. Allora, perché continuiamo a inibire le nuove generazioni giudicandole per i loro primi tentativi di apprendimento e scoperta di nuovi concetti?
Il giudizio mina la fiducia in se stessi e crea futuri adulti svalutati e insicuri!

3° Falso mito sull'apprendimento

Bisogna potenziare le debolezze.

La natura del bambino

I voti avvalorano la frase che hai appena letto. Perché dare i voti se non per sottolineare le carenze di chi il voto lo riceve? Non possiamo nasconderci dietro una foglia, negando che consideriamo un "tre" negativo e che suggeriamo di correre ai ripari. Non possiamo neppure negare che spendiamo soldi in ripetizioni per le materie in cui i nostri figli sono carenti e non, ad esempio, per potenziare gli ambiti in cui sono bravi, nei quali possono esprimere al massimo i loro talenti. È vero che bisogna sapere di tutto un po', avere delle basi che ci permettano di comunicare con gli altri e di vivere nella società, ma se potessimo fare approfondire le materie che rappresentano le loro passioni, vedremmo più bambini felici nelle scuole.

È uno spreco di tempo e di risorse insistere dalle Elementari alle Superiori nel potenziare i temi che non risuonano con la natura degli alunni, per portare allo stesso livello tutte le loro conoscenze e per omologarli ai coetanei. Faremmo invece un'ottima cosa per le future generazioni e per la società tutta se spendessimo più tempo a VALORIZZARE le CAPACITÀ e i TALENTI SPECIFICI di ciascuno.

Questo richiede organizzazione, tempo e fatica? Bene, diamoci da fare! Cosa stiamo aspettando? Se invece l'obiezione è la paura che le cose ci scappino di mano, di perdere il controllo sul bambino o sul ragazzo perché noi adulti sappiamo cosa è bene per lui, faremmo meglio a osservare la nostra mancanza di fiducia e risolverla, impegnando le nostre risorse per far sbocciare e splendere i meravigliosi e unici talenti che ciascuno di loro possiede.

4° Falso mito sull'apprendimento

I compiti in classe e le interrogazioni sono necessarie e utili.

La natura del bambino

Sappiamo che questa parte del capitolo può sortire l'effeto di uno tsunami, dello scoppio di una bomba atomica… ma vogliamo scriverlo ugualmente. A che cosa servono i compiti in classe e le interrogazioni? Per valutare il livello di apprendimento dello studente? Forse sì.

Ma davvero abbiamo bisogno di un COMPITO IN CLASSE o di un'interrogazione per sapere COME VA IL RAGAZZO? Davvero non sappiamo se ama l'argomento, se ha difficoltà, se il tema lo annoia, se non impara perché ha problemi familiari, o se, invece, ha un'ottima dimestichezza con la materia?

Certo che, almeno in teoria lo sappiamo. E quindi perché ricorrere ai voti? Forse per avere un'arma a nostro vantaggio, per tenere il coltello dalla parte del manico, ritenendo che solo se pungolati da qualcosa di appuntito e tagliente i nostri ragazzi studieranno e andranno avanti? Ma non sono asini e non hanno bisogno del bastone né della carota. Se invece utilizziamo i voti perché si fa così, perché lo prevede il sistema, allora possiamo iniziare a porci delle domande e, se proprio i registri vanno compilati, sarebbe bene cercare soluzioni differenti. Un altro aspetto che dobbiamo tenere in considerazione è la nostra paura in quanto adulti di non saper tener testa a queste nuove generazioni: avere la penna in mano sembra darci forza, coraggio e potere. Anche in questo caso possiamo lavorare sulla nostra autostima e tirare fuori dal cappello nuove risorse per migliorare la relazione con loro. Le prove non servono. Buoni insegnanti, quali sono quelli che popolano i nostri istituti, sanno vita morte e miracoli dei loro allievi e non hanno bisogno che delle prove lo confermino.

Costringendoli a dover mettere in calendario delle prove con voto finale, li svalutiamo. Allo stesso modo, costringendoli a sostenere prove scritte e interrogazioni, umiliamo e svalutiamo i nostri ragazzi. *Il potere logora chi non ce l'ha* e, in questo caso, stressa i docenti e logora gli allievi che, se invece potessero manifestare il loro vero potenziale (potere), in libertà e trasparenza, senza costrizioni, davvero sarebbero dei leader. Si sentirebbero compresi e apprezzati senza dover utilizzare escamotage di rimpiazzo come per esempio apparire dei "bulli", sembrare "spacconi" oppure isolarsi e deprimersi.

5° Falso mito sull'apprendimento

I programmi attuali garantiscono un'istruzione adeguata.

La natura del bambino

Perché i bambini e i ragazzi a scuola spesso si annoiano?

Una cosa che ci ha sempre fatto riflettere e, che ancora oggi non capiamo, è la seguente: perché studiamo gli Egizi e i Romani iniziando sempre dallo stesso punto (anche se con gli anni aumentano la complessità e la quantità delle informazioni), alle Elementari, alle Medie e poi alle Superiori? Che pizza! Risposta: è giusto cari Roberta e Antonio, perché possiamo dimostrarvi che dopo un *tot* di anni i ragazzi non si ricordano nulla. Meglio non ribattere a questa affermazione, perché se è vero che non ricordano la responsabilità è solo nostra, che non abbiamo saputo appassionarli nel fissare il ricordo vivido nella loro memoria.

Se un bambino o un ragazzo non ricorda ciò che ha ascoltato in classe la responsabilità è solo nostra, che non abbiamo saputo APPASSIONARLI e fissare il RICORDO VIVIDO nella loro memoria.

Nessuno di noi è uno smemorato, ne è dimostrazione il fatto che ci basta guardare anche una sola volta un film ben fatto, che ci appassiona, per ricordarne per tutta la vita i tratti salienti, le battute principali e la sequenza delle scene. Se solo lo permettessimo, i nostri ragazzi farebbero la stessa cosa con la Storia, la Geografia, le Scienze, la Letteratura ecc. È vero che hanno bisogno delle basi, che il tempo è poco e che sono in tanti ma, anche in questo caso, è un problema di organizzazione e di gestione delle risorse, non certo di capacità dei nostri adulti del futuro.

Tutto questo si può ottimizzare per lasciare spazio ad altro. Ti facciamo qualche esempio: universitari che hanno intrapreso il percorso di studi in Scienze dell'educazione o Scienze della formazione primaria, chiedono a noi come si insegnano le regole a un bambino o come si tiene una classe. Se ponessimo la prima domanda a una baby-sitter saprebbe rispondere. Allo stesso modo, se facessimo la seconda domanda a un animatore di "Estate ragazzi", fornirebbe una risposta esauriente.

Questo solo per dirti che nel nostro sistema scolastico c'è troppa POCA PRATICA rispetto alla mole di nozioni teoriche insegnate.

Siamo tutti dei grandi "professori" e poi non sappiamo intuire la motivazione che fa fare i "capricci" a un bambino. Se vogliamo saper coltivare della buona verdura, saper utilizzare gli antiparassitari ideali, non far perdere troppi sali minerali al terreno, anche se siamo agronomi, per ottenere il massimo dobbiamo andare da chi fa il mestiere tutti i giorni da anni. Ci teniamo a sottolineare che la generalizzazione è esclusivamente per scopi tecnici e che sappiamo che non è così ovunque e per chiunque. Ci scusiamo per questo. Quindi più spazio alla pratica. E ancora:

Perché per esempio nelle Medie o nelle Scuole superiori non si abbonda con lezioni sulla MATURITÀ PERSONALE, su come avviare un'IMPRESA, sulla COMUNICAZIONE, su come SUPERARE I PROPRI TIMORI, sulla gestione della propria AUTONOMIA AFFETTIVA, sui RAPPORTI CON GLI ALTRI, sull'APPRENDIMENTO veloce, sulle tecniche di visualizzazione, sul come sviluppare un PIANO STRATEGICO per realizzare un proprio sogno ecc.?

Perché alle Scuole elementari i bambini non passano la maggior parte del loro tempo a imparare giocando? A giocare a fare i grandi imparando la teoria da situazioni che simulano la vita di tutti i giorni?

6° Falso mito sull'apprendimento

I compiti garantiscono un buon apprendimento.

La natura del bambino

La vera bomba, come puoi vedere, l'abbiamo lasciata alla fine. Qui abbiamo una grande motivazione e una piccola argomentazione: i compiti non servono, punto.

Calma, calma, ci spieghiamo meglio! Forse può sembrare che i compiti servano, in questi ultimi anni. Perché? Perché avendo un'organizzazione e un metodo un po' arrabattati la mattina, disponendo di poco tempo tra gite e vacanze, per forza dobbiamo dare delle cose da fare a casa, cosicché i bambini e i ragazzi possano "recuperare" e completare il lavoro. Se così non fosse, se le ore mattutine (che tra l'altro non sono solo più mattutine ma anche pomeridiane) fossero ben sfruttate, non ce ne sarebbe bisogno... per la gioia di tutti, grandi e piccini. Se, nonostante tutto, siamo davvero convinti che i compiti abbiano una reale utilità, allora non c'è ragionamento che tenga. E sai perché?

Perché l'individuo umano non impara per ripetizione passiva, ovvero ripetendo concetti seduto a una scrivania. Impara in modo efficace e duraturo attraverso ripetute ESPERIENZE PRATICHE e ATTIVE.

Non c'è nessuno che ricordi dopo anni le poesie di Leopardi, di Ungaretti (a parte forse "M'illumino d'immenso") o di altri poeti grazie alla sola ripetizione passiva. Ricordiamo le poesie che abbiamo cantato, vissuto con l'emozione dell'interpretazione, quelle che abbiamo recitato coinvolgendoci in un teatrino, in un'opera drammatica, in una scenetta comica. Perché così sfruttiamo le reali capacità di apprendimento. Come non sono le A e le B ripetute, ricopiate riga per riga che fanno memorizzare le lettere e le fanno scrivere "bene" a un bambino di sei anni. Un bambino di sei, meglio sette o otto, anni scrive bene se la calligrafia lo appassiona, se è in linea con la sua crescita interiore affettiva, se non ha subito traumi, se si sente sostenuto e non giudicato, se negli anni precedenti ha potuto vedere tante volte delle cose scritte, se ha potuto giocare con le parole, toccarle, dipingerle, viverle con il corpo.

Quindi, possiamo ottimizzare i tempi strettamente scolastici, i programmi annuali e (ne siamo consapevoli) ottimizzare la distribuzione delle risorse umane, così da poter restituire ai bambini e ai ragazzi il diritto di riposare, ricaricarsi, giocare, divertirsi e fare nel loro ritrovato tempo libero tutto quello che davvero amano. Adesso, per non lasciarti a bocca troppo asciutta, vogliamo anche fare con te una carrellata di tutto quello che, invece, potrebbe essere utile in fatto di apprendimento.

Perché la nostra esperienza diretta di istruzione famigliare, per esempio, ci ha confermato che non è così vero che i bambini e i ragazzi NON AMINO IMPARARE, che siano tutti degli SVOGLIATI, che abbiano sempre bisogno di essere MESSI IN RIGA.

Crediamo profondamente (dopo averlo sperimentato) che tutti abbiano una grande capacità innata di imparare, una viva curiosità per il nuovo e, in particolar modo verso tutto ciò che sentono essere utile per la realizzazione del loro progetto di vita e in linea con i loro talenti e le loro passioni. I bambini, se non condizionati, sono come la Natura: ottimi risparmiatori. Non perdono tempo con cose che sanno essere inutili per il loro futuro.

La via facile del gioco e del divertimento che nessuno utilizza

Tutti impariamo meglio giocando e divertendoci. Quando un qualcosa ci interessa molto siamo attenti, se ci fa rallegrare le ore passano in un lampo, ne manteniamo un ottimo ricordo per lungo tempo e vogliamo rifarlo ancora. Questo non accade quando tutte le mattine dobbiamo andare in ufficio per fare un lavoro che non ci piace, quando partecipiamo a una conferenza e l'argomento sarebbe interessante ma il relatore è monotono e noioso.

Anche quando le cose ci vengono imposte, di solito, non le facciamo volentieri. Perché per i bambini e i ragazzi dovrebbe essere diverso quando vanno a scuola o quando devono studiare qualcosa? Per loro è lo stesso. Quindi, imparano giocando. Attraverso il gioco possono sperimentare, provare e riprovare, sbagliare e correggersi (senza sentirsi in colpa perché "tanto" stanno giocando), ricordare con piacere la bella esperienza e tutti i suoi contenuti. Per esempio:

1. **Le lettere** si imparano molto meglio se le imitiamo con il corpo o se le associamo agli elementi della Natura.
2. **I numeri e le operazioni** si imparano molto meglio se giochiamo al mercato, se portiamo a scuola una bella torta e dobbiamo dividerla a fettine per distribuirle, calcolando se ne rimanga anche una per la bidella.
3. **La Storia** si impara molto meglio se la mettiamo in scena, se la maestra o il professore ce la raccontano come se fosse un bel racconto, intrigante e appassionante (per le date e la collocazione storica c'è sempre tempo). Per questo si possono utilizzare immagini e video. Se invece devo ripetere "a pappagallo" chi sono gli Egizi, come sono nati, dove vivevano e in che periodo; se devo collocare sulla linea temporale gli eventi più importanti e ricordarmi la data, che cosa ne ho? Nulla, se non il dovere di appiccicarmi nella mente la lezione per il giorno dopo, così da poterla ripetere alla maestra e prendere un bel voto. Ma se

invece vado al Museo Egizio? Allora lì sì che è tutta un'altra storia: posso vedere che gli Egizi sono esistiti davvero, posso scoprire che cosa mangiavano, come vivevano, cosa costruivano. E, di certo non me lo scorderò. Ti facciamo questo esempio perché l'abbiamo vissuto qualche settimana fa con la nipotina di Roberta: se le chiediamo oggi quelle quattro paginette "studiate" è quasi tabula rasa, ma se le domandiamo di raccontarci degli Egizi sulla base di quello che ha visto e sperimentato ci racconta tutto per filo e per segno, sommergendoci di parole e entusiasmo.

La stessa cosa vale per le Scuole superiori. Perché non coinvolgere di più i ragazzi, chiedendo loro che cosa ne pensano, che visione hanno della Storia, sulle loro ipotesi in merito ai fenomeni fisici? Perché non li permettiamo essere i diretti responsabili del laboratorio di Chimica? Se sono costretti a vivere passivamente gli strumenti e le lezioni per forza si annoiano, devono attirare l'attenzione, non capiscono, non assimilano i contenuti e non rispettano i materiali. Del resto cosa possiamo aspettarci se non questo come conseguenza inevitabile? A proposito di coinvolgere nell'apprendimento, ecco il prossimo strumento utile.

La soluzione geniale di Socrate sull'apprendimento

Il segreto per l'apprendimento è la maieutica. Che cos'è questo parolone? Maieutica è una parola che deriva dal greco e significa

'levatrice', ovvero la donna che faceva nascere i bambini, che li "tirava fuori" dall'utero materno. La levatrice non utilizzava né forcipe né pinze ("*ma te le devo tirare proprio fuori con le pinze sti due concetti in croce che dovevi da studiare?!*") bensì, assecondando la madre, le sue contrazioni e le sue sensazioni, accompagnava la nascita e l'uscita del bambino dal canale.
La stessa cosa vale per l'apprendimento.

Tutti abbiamo già in noi le informazioni necessarie, siamo dei VASI PIENI, individui dotati di un INTUITO ECCELLENTE, di una capacità fenomenale di ARRIVARE ALLE COSE... se solo avessimo la possibilità di non addormentare e rinsecchire queste capacità già a partire dall'infanzia.

Questo purtroppo avviene spesso a causa dei metodi educativi con i quali cresciamo, che ci considerano botti vuote, piene di tartaro da grattare via, che vanno cesellate e riformate con pazienza e resistenza. In verità sono i bambini a dover resistere a questi soprusi: a volte lo fanno, altre volte si adattano cadendo nell'oblio. Come possiamo dunque sfruttare l'arte della maieutica tra le mura scolastiche? È molto semplice e porta ottimi risultati. I ragazzi:

1. Sono più attenti;
2. Si sentono coinvolti;

3. Potendo partecipare attivamente, aumentano la loro autostima;
4. Accrescono la fiducia nei confronti dell'adulto (insegnante, genitore, educatore ecc.) che sta attivamente partecipando con loro;
5. Aumenta la loro capacità di gestire le situazioni in piena autonomia;
6. Sono più abili a trovare soluzioni alle sfide che si presentano.

Il segreto principale sta nell'abituarci a porre domande ai bambini e ai ragazzi, anziché partire con una spiegazione preconfezionata. Per esempio:

- Qualcuno di voi sa chi erano i Romani?
- … e secondo te?
- Secondo te perché?
- Secondo te come si fa?
- Prova un po' a sentire: il cuoricino cosa dice? (prima dei 9-10 anni);
- Prova un po' ad immaginare…
- Prova un po' a pensarci… (dopo i 9-10 anni);
- Non saprei, vediamo un po', perché a volte piove?
- Secondo voi ragazzi perché Napoleone è riuscito a conquistare mezzo mondo?
- E se invece ti dicessi che con una leva faremmo meno fatica, tu cosa mi diresti? Secondo te come possiamo fare?

Questi sono solo alcuni esempi. Se il bambino viene coinvolto in questo modo, ha finalmente la possibilità di attingere naturalmente alle sue risorse, anziché sentirsi travolto da pacchetti di nozioni insapore e incolore, che hanno poco senso e che ha difficoltà a contestualizzare, a vivere interiormente. Invece, se gli diamo la possibilità di risvegliare il loro sapere dall'interno, allora sì che possono fare l'effetto della lampadina di Archimede! Il bambino può così sentire i concetti vivi, veri, applicabili, concreti, quindi più coinvolgenti, e non ha bisogno di memorizzarli, semplicemente perché scopre che erano già dentro di lui e potrà risvegliarli ogni volta che lo vorrà.

Puntiamo sui talenti, affiniamoli e portiamoli all'eccellenza

Ognuno di noi arriva sulla Terra per intraprendere un viaggio che lo porterà a realizzare i suoi sogni, il suo progetto, la sua leggenda personale. Se non veniamo inibiti, dirottati su una strada sbagliata, se non veniamo convinti che quella di un altro è migliore, abbiamo l'opportunità di sviluppare le nostre competenze interiori (il bambino, il femminile e il maschile) che saranno i pilastri, le gambe su cui poggeremo per proseguire nel cammino. Oltre a queste tre competenze, che sono uguali per tutti, ciascuno di noi porta con sè dei talenti particolari che sono:

- Le caratteristiche che ci rendono unici e ci distinguono dagli altri;
- Gli strumenti che abbiamo in dotazione e che dobbiamo coltivare per realizzare il nostro progetto di vita;
- I nostri punti di forza, quelle cose che amiamo fare, che facciamo senza sforzo come se le conoscessimo da sempre.

Per esempio c'è chi è abilissimo nella maratona e chi nei 400 metri; ci sono persone che appena mettono le mani sul motore di un'auto sanno aggiustare il guasto; ci sono ragazzi che dal nulla tirano fuori applicazioni sofisticate per i computer; ci sono uomini e donne che d'istinto saprebbero far nascere un bambino senza aver studiato Ostetricia; c'è chi ama leggere e divora libri in un battibaleno; altri ancora che nel giro di qualche ora costruiscono un bellissimo mobiletto intagliato. Questi sono tutti talenti!
Va da sé che quello che per noi è un talento, per un altro può essere una debolezza. Per qualcuno diventa un dramma dover fare calcoli senza calcolatrice, dover cambiare lo pneumatico dell'auto, mentre per altri è una noia mortale ricamare e, per altri ancora, fare le parole crociate. La Natura questo lo sa molto bene (lo ha inventato lei!) e ci sono due cose che Lei fa molto bene e che noi non facciamo anche se dovremmo:

La natura non giudica

Non considera le debolezze come debolezze, limiti e difetti. Semplicemente le considera per quelle che sono: qualità che non risuonano nelle nostre corde. Del resto quando uno è biondo invece che castano, per caso ce la prendiamo? Tendenzialmente no. E allora perché prendersela se per un ragazzo i logaritmi sono una palla al piede o se per l'altro i temi sono un'ossessione?

La natura è economica ed ecologica

Non distribuisce talenti a caso e non li spreca. Quindi ciascuno di noi può fare riferimento ai propri talenti e alle proprie passioni per individuare il percorso della sua vita, ciò per cui è venuto su questa Terra. Quelli sono i punti di forza e i perni su cui puntare. Del resto perché darci talenti che non combaciano con il nostro progetto, o perché darci solo inutili debolezze?

Invece noi, oggi, che cosa facciamo? Riteniamo troppo scontati i talenti dell'individuo e puntiamo il dito sulle sue debolezze, su quegli aspetti che tanto non saranno mai un suo punto di eccellenza ma che dovranno essere conquistati con la forza. Insistiamo nel far diventare i nostri figli "bravi" in tutto, indirizzando le loro energie sul recupero anziché sul potenziamento. Questo non vuol dire che non possiamo eccellere in tutto, anzi. Soltanto che questo desiderio deve poter nascere spontaneamente nell'animo del giovane. Se non si è sentito represso, liberamente cerca di migliorarsi, di crescere, di maturare e di conoscere sempre di più e sempre meglio. Soltanto che lo farà, come Madre Natura, ottimizzando le risorse e indirizzando le sue energie laddove sono realmente necessarie.

Come apprendono i bambini da 0 a 21 anni

Tutti attraversiamo differenti fasi di crescita. In ogni fase, a meno che non si debbano recuperare pezzettini di quella precedente, sviluppiamo determinate competenze necessarie per diventare individui maturi, autonomi e in grado di realizzare le nostre passioni, manifestando così noi stessi e dando anche un contributo agli altri. Se non ne hai mai sentito parlare delle tre fasi della crescita, ti suggeriamo di approfondirle il prima possibile, perché non conoscere i cicli settennali significa non sapere quali siano i bisogni affettivi ed emotivi di tuo figlio dai 0 a 21 anni. Infatti, anche per quanto riguarda l'apprendimento, ogni fase ha le sue caratteristiche e, se le conosciamo e le applichiamo, possiamo superare numerose difficoltà che i bambini e i ragazzi incontrano sul loro cammino. Le fasce di età che vedremo tra poco sono schematiche per necessità di stesura. In verità, le varie fasi dei cicli settennali si susseguono in modo armonico maturando nel tempo, giorno dopo giorno, senza stacchi netti o cambiamenti repentini. Quindi, per racchiudere il tutto in uno schema e per comodità di esposizione, suddividiamo le tre fasi in gruppi di 7 anni.

Le modalità elettive con cui apprendono i bambini da 0 a 7 anni

1. Per imitazione

Istintivamente, i bambini da 0 a 7 anni imitano mamma e papà e l'ambiente che li circonda anche senza comprendere sempre il senso di quello che fanno, soprattutto nei primi anni (basta osservare per esempio quello che succede con le parolacce). Quindi, possiamo dedicare del tempo prezioso da trascorrere con i bambini, senza necessariamente sforzarci di insegnargli la vita, ma semplicemente permettendogli loro di osservarci e di imitarci assecondando il loro desiderio istintivo di fare quello che facciamo noi. In questa fase, imparano in un lampo e senza dover ripetere la lezione.

2. Assorbendo in modo incondizionato dall'ambiente

Anche in questo la natura è stata lungimirante. Per darci la possibilità di imparare molto e in poco tempo (se ci pensi nel giro di tre anni impariamo spontaneamente a parlare, camminare, prendere, toccare, vestirci, svestirci, rendere autonomi gli sfinteri ecc.) ci ha dotati di questa capacità: come delle spugne assorbiamo tutto ciò che ci circonda, raccogliamo tutte le informazioni e le facciamo nostre prendendole per buone. Questo accade perché siamo molto attenti e perché, come una spugna, non possiamo filtrare il contenuto del secchio. Sicuramente ti sarà capitato di dire almeno una volta a tuo figlio: "*ma dove l'avrà imparato?! Ma dove avrà visto questa cosa?!*". A noi che siamo un po' distratti e che abbiamo acquisito la facoltà di filtrare, sembra strano e ci sfuggono cose che invece vengono facilmente assimilate dal bambino.

3. Sfruttando la fantasia

Se assecondiamo la loro espressione e la osserviamo, vediamo come i bambini in questa fascia di età vivano molto nelle loro fantasie, nei loro mondi fantastici dove tutto è possibile, nei quali tutto si realizza e si crea dal nulla con facilità. Se non soffochiamo questa predisposizione, ci sarà concesso di conoscere gli alberi parlando con i nostri figli, imparare la loro fisiologia paragonandola alla nostra, come se fossero umani (perché viventi già lo sono). Possiamo chiedergli come avvengono i fenomeni naturali lasciando libero spazio alle loro immagini spontanee. Allo stesso modo possiamo insegnargli l'alfabeto immaginando che la M sia fatta da due punte di alte Montagne innevate, la F una bella Falce con cui si taglia l'erba, la S sia un serpente sinuoso che sta uscendo dal cesto di un fachiro… In questo modo i bambini imparano divertendosi e scrivono anche meglio perché i concetti perdono l'astrazione (che a quest'età non è nelle loro corde) per assumere un carattere concreto, vivo e tangibile.

4. Sperimentando nella pratica le loro intuizioni

Siamo portati a immaginare, fantasticare, pensare, creare con la mente tutto quello che con il cuore desideriamo. E se manteniamo questa nostra capacità innata, tendiamo a intuire e poi a sperimentare nella pratica il frutto della nostra intuizione. Quindi, se anche in questo caso utilizziamo l'arte della maieutica, possiamo mantenere viva questa dote e far sì che dia i suoi preziosi frutti. Questo significa che dobbiamo essere noi adulti a disposizione dei bambini, che l'ambiente deve essere a loro disposizione e non il contrario.

Nella pratica da 0 a 7 anni

In questi anni il bambino deve giocare, giocare e giocare ancora. Deve poter vivere nel suo mondo di fantasia dove tutto è possibile, perché questo è il modo naturale in cui sviluppare e strutturare un proprio bagaglio di supporto, l'ottimismo e la sfera delle possibilità. Se viene castrato o trattato come un adulto, oppure ridicolizzato, questo bagaglio si alleggerisce a danno degli anni successivi. In più, giocare rappresenta per i bambini l'unico strumento valido per conoscere, per sperimentare e per "fare le prove", per immedesimarsi e sperimentare la vita di adulto.

Le modalità elettive con cui apprendono i bambini da 7 a 14 anni

1. Attraverso le parole delle persone di cui si fidano e di cui hanno stima

Questo lo sapeva molto bene Rudolf Steiner, che amava il concetto di maestro unico e lo fece applicare nella scuola Waldorf. In questo periodo i bambini, invece di imitare e assorbire dall'esterno senza filtro, maturano una certa capacità di discernimento e quindi si vedono predisposti ad ascoltare e a seguire maggiormente una persona nella quale hanno fiducia, che ha meritato la loro stima e che ha saputo creare con loro un ottimo rapporto di complicità, essere una guida e un sostegno lasciandogli piena libertà di espressione. Ecco che se adesso devono ascoltare una storia raccontata da un adulto, oppure ascoltare l'adulto che parla intrattenendoli facendo leva sulla passione, sanno farlo. Se questo legame non si crea, la distrazione e la mancanza di rispetto sono dietro l'angolo.

2. Iniziando a sviluppare la loro facoltà razionale e logica

Questo significa che, a mano a mano che si addentrano nella parte centrale di questo settennio, sono sempre più in grado di astrarre i concetti (per esempio il calcolo a mente senza il supporto di immagini concrete o situazioni vissute).

3. Riuscendo a comprendere una regola esposta a parole

In questa fase imparano ad accettare le regole (se sono etiche e nel rispetto dei principi di Natura) e sono in grado di assumersi delle piccole e poi sempre più grandi responsabilità (fase che si completerà nel terzo settennio). Per questo, pretendere che ragazzini della Scuola media o degli utlimi anni delle Elementari siano completamente autonomi nella gestione dello studio e nell'organizzazione scolastica non è possibile e, se lo pretendiamo, dobbiamo essere consapevoli che per loro si tratta di un carico eccessivo, snervante e svalutante.

Nella pratica da 7 a 14 anni

Permettiamogli loro di imitare le lettere con il corpo e di viverne prima i suoni con filastrocche e canzoni e, solo successivamente, diamogli la possibilità di riprodurre il carattere stilizzato sulla carta con la penna, proprio come nell'esempio precedente della M, della F e della S.

Per la Matematica portiamo torte in classe da dividere, oggetti, semi e legumi da suddividere; giochiamo al mercato; cuciniamo utilizzando le dosi degli ingredienti; usciamo a misurare tutto il misurabile (scalini, strade con i passi, altezze ecc.). Per lo studio della Storia facciamo teatrini e scenette con costumi e atti di vita quotidiana. Per esempio, per tutta una settimana o tutto un mese siamo Romani, Egizi, Greci.

Ecco che intorno alla metà di questo ciclo, quando queste competenze naturali del bambino iniziano a consolidarsi, possiamo chiedergli di fare delle esperienze da solo e poi di condividere con noi il risultato: raccogliere particolari tipi di foglie, osservare degli insetti, misurare l'acidità dell'acqua, osservare degli aspetti di sé (del proprio temperamento e delle proprie emozioni).

Possiamo poi iniziare ad astrarre anche i numeri e, anziché portare la torta da dividere, intavolare una conversazione e chiederci: se lavoriamo in un ristorante e abbiamo 100 commensali, considerando che il tavolo va apparecchiato con un bicchiere per l'acqua, uno per spumante e uno per il vino, quanti bicchieri dobbiamo ordinare? E considerando che solitamente ce li consegnano in scatole da 12 pezzi, quante scatole ci porteranno? Se dovessimo metterle nell'armadio del magazzino che è grande *x*, ci stanno tutte oppure dobbiamo trovare un altro spazio per mettere quelle che rimangono? In questo modo il bambino si sente più coinvolto rispetto a quando è costretto a leggere sul libro e risolvere un esercizio del tipo: Esercizio n° 2. Margherita è a spasso con il cane e inciampa 10 volte. Sulle sue ginocchia ci sono 7 bolli, quante volte è riuscita Margherita a non farsi male?

Le modalità elettive con cui apprendono i ragazzi da 14 a 21 anni

1. Sviluppando un proprio senso critico

Crescendo, sempre che non ci siano falle nelle tappe precedenti da recuperare, i ragazzi, dopo essersi fidati di uno o più adulti e aver visto come si diventa grandi, sviluppano un loro personale senso dell'etica e della morale: ci sanno dire cosa ne pensano della politica, della società, dell'inquinamento, del temperamento umano ecc. Iniziano a manifestare con sempre maggior autonomia la propria individualità e, per questo, ancor di più a questa età, vanno coinvolti in prima persona nelle attività. Se pur supervisionati, è necessario che realizzino dei progetti autonomamente, che si sentano coinvolti e responsabili, così da poter iniziare a esprimere nel concreto tutte le parti di sé.

2. Mettendo insieme e potenziando tutte le competenze dei tre cicli

Avvicinandosi alla maturità dei 21 anni, ecco che i ragazzi possono agire in modo disciplinato assumendosi le proprie responsabilità, gestendo il tempo in autonomia, avendo fiducia nel loro operato e pazienza nell'attendere che le cose maturino (per esempio iniziando a preparare un progetto un mese prima della data di presentazione) e individuando sempre meglio le attitudini e i talenti che gli sono propri, così da svilupparli e farne dono al mondo.

Nella pratica da 14 a 21 anni

In questa fase, aumentando naturalmente le capacità dell'individuo, anche la posta in gioco si alza. Quindi può capitare che un certo numero di formule chimiche si debba per forza ripeterle per ricordarle, così come può succedere per alcuni articoli di Diritto privato. Se al ragazzo è stata data la possibilità di maturare le proprie capacità di apprendimento secondo la sua natura seguendo ad esempio le indicazioni descritte, non farà fatica a integrare questa parte del suo sviluppo mentale e quindi gli sarà naturalmente più semplice "studiare e ripetere a memoria" qualora si dimostri necessario. Comunque, anche per le formule chimiche e per gli articoli di

Diritto c'è una via breve per semplificarci la vita e, anche questa volta, la troviamo se partiamo dall'esperienza pratica.

Per esempio le formule chimiche si ricordano meglio se, laddove possibile, abbiamo prodotto in prima persona quella sostanza in laboratorio, con tutte le precauzioni del caso, ma pur sempre dal vivo e avendo partecipato attivamente all'esperimento. Altrimenti la formula che dobbiamo imparare resterà sempre anonima e, non trovando prima il suo spazio nel mondo delle sensazioni, non potrà trovare nemmeno quello nei cassetti della mente.

La stessa cosa vale per il Diritto. Che differenza potrebbe esserci se, anziché aprire il tomo alla pagina *x*, e iniziare a leggere e a ripetere, facessimo così? Il professore ci dice che siamo chiamati a risolvere un caso che da qualche tempo sta affrontando e dice alla classe: "Ragazzi ho una difficoltà e cerco la soluzione. Mio nonno mi ha lasciato in eredità un terreno a cui era molto affezionato. Io non ci ho mai badato più di tanto, perché insegnando ho altro da fare. Ieri ricevo una telefonata dal mio confinante il quale mi dice che il terreno non è mio ma suo. Secondo voi è possibile? (e aspettiamo le risposte dei ragazzi). Lui sostiene che essendo stato incolto per molto tempo ed essendo che lui doveva per forza tagliare l'erba per poter arrivare al suo appezzamento, questo mio terreno è da considerarsi suo di diritto. Secondo voi è possibile? E se così fosse, allora, ragazzi, come è possibile definire il concetto di proprietà? Secondo voi com'è possibile tutelare proprietari e confinanti?". Il tutto guidandoli e avvicinandoli a quelli che sono i principi del

Diritto e, solo alla fine aprire il libro di testo per confrontare gli articoli e impararli a memoria. Per loro sarà molto più facile perché potranno naturalmente associare alla regola il film di immagini che si sono creati immedesimandosi nella storia del professore. Inoltre, sarà anche più facile perché l'insegnante fin da subito nel suo linguaggio avrà utilizzato tutti quei termini che i ragazzi ritroveranno poi nel testo: per loro non saranno delle cose sconosciute da dover infilare in testa, ma concetti già ben chiari che necessitano soltanto di trovare il loro ordine e di essere fissati.

Caso pratico n° 9

Michele (nove anni), la disortografia e il deficit di attenzione

Michele, nove anni, era un bambino con qualche problemuccio con la scuola: era disortografico, soffriva di deficit dell'attenzione, non mostrava interesse per le attività scolastiche, era spesso apatico e non c'era verso di farlo migliorare. Date le difficoltà, i genitori si appoggiavano per i compiti a una persona fidata, che lo aiutava per qualche pomeriggio alla settimana, sollevando così anche un pochino mamma e papà. Fu proprio lei a chiederci aiuto: dopo aver letto il nostro libro e seguito i corsi, voleva sapere che cosa potesse fare nella pratica per garantire un recupero scolastico a Michele. Con il consenso dei genitori, analizzammo insieme la situazione affettiva del bambino, al fine di valutare se vi fossero eventuali carenze. Scoprimmo così che le difficoltà di Michele erano di due tipologie diverse: da un lato era presente un'effettiva difficoltà scolastica causata da una sorta di regressione affettiva che gli impediva di assimilare concetti e svolgere esercizi astratti; dall'altro il bambino denunciava un'avversione verso qualunque genere di attività troppo statica (ripetizioni, esercizi classici, imparare a memoria ecc.). Come rimediare? I primi suggerimenti che fornimmo alla ragazza furono:

1. Dedica parte del tempo a disposizione al gioco;
2. Colorate, lavorate creta o pongo, fate lavoretti con la carta e con altri oggetti, giocate con i colori alimentari (questo ci serviva per far riprovare al bambino la gioia, la passione, il divertimento, in quanto fin da piccolo ne aveva goduto poco a causa di un'educazione piuttosto rigida e impostata);
3. Costruisci in giardino un piccolo percorso dove lui possa per esempio passare su una trave, arrampicarsi, scivolare dentro a un tubo, fare qualcosa con una palla, saltare la corda, correre ecc. Questo ci serviva per permettere nel tempo al bambino di recuperare il contatto con il corpo, il senso del movimento e risolvere così la mancanza di concentrazione, l'apatia e parte del disinteresse (dato che voleva solo giocare con i videogiochi).

Inoltre, abbiamo agito anche a livello della didattica e, partendo da quelli che erano gli scogli più grandi, come l'Ortografia (e quindi le doppie, la "sc", la "gh" ecc.), abbiamo scelto di non eseguire gli esercizi proposti dalla scuola, ma di imparare in un altro modo:

1. Via libera alle filastrocche e agli scioglilingua;
2. Invece di compilare schede anonime e completare le parole, abbiamo iniziato a creare tante tessere colorate e unirle per fare sillabe, parole, frasi;
3. Abbiamo cercato di inventare qualcosa di nuovo che non facesse perdere a Michele l'interesse e che fosse efficace per l'apprendimento.

Sei curioso di conoscere il risultato? Bene, nel giro di qualche mese (tre per l'esattezza) Michele ha sanato brillantemente pressoché tutte le sue carenze, ha riscoperto l'amore per il gioco manuale e all'aperto, la passione per le costruzioni e ha maturato una buona capacità di concentrazione e di responsabilità.

Se osservi la natura del tuo bambino scoprirai che... la forma di apprendimento che predilige è quella data dall'ESPERIENZA PRATICA e dal vivere quello che impara, ANIMATO DA IMMAGINI e COLORATO DA SENTIMENTI.

11

7ª Idiozia sull'Adolescenza
Questa casa non è un albergo!

L'adolescenza è un rivelatore della qualità delle esperienze
dei primi anni dell'infanzia.

PHILIPPE JEAMMET

Ci sono solo 3 idiozie per questo capitolo:

1. La pre-adolescenza;
2. L'adolescenza;
3. La post-adolescenza.

Solo tre Idiozie a segnalarci che forse, forse, la crisi adolescenziale non esiste? Vogliamo aspettare per dirlo. Intanto, però, una piccola idiozia vogliamo fartela notare: perché abbiamo il vizio di catalogare e separare tutto?

Per natura in noi non c'è separazione, non c'è stacco. Basta osservare il nostro corpo dall'interno oppure chiedere ai chirurghi, i quali ci dicono che anche se a scuola, per esigenze didattiche, ci hanno insegnato come siamo fatti dividendoci per organi e apparati, in verità dentro di noi questa separazione non c'è e tutto è perfettamente unito, tanto che a volte si può far fatica a distinguere un piccolo nervetto da un piccolo tendine.

Non solo la nostra natura interiore non separa, ma anche la natura esteriore, che è poi la stessa. Infatti non conosciamo alberi, fiori, piante o animali che crescano "a scatti" o "a epoche". Le cose, semplicemente, accadono. Maturano dentro di noi istante dopo istante e si manifestano senza che ci sia la possibilità da parte nostra di stabilire dei confini netti, delle separazioni, dei compartimenti stagni.

Durante le lezioni dei nostri corsi lo diciamo spesso: anche noi per semplificare suddividiamo le macro conquiste del bambino in cicli di sette anni, ma lo facciamo soltanto per scopi formativi, sottolineando sempre che in verità l'unico indicatore di quello che il bambino sta attraversando è il bambino stesso. Solo osservandolo e osservando la sua natura possiamo comprendere la sua crescita affettiva, fisica e intellettiva.

Quindi, non crediamo che nella natura dell'individuo si possa davvero distinguere una fase di adolescenza (dal verbo latino *adolescere* che significa 'crescere'). Se davvero esistesse, allora tutta la vita fino al periodo adulto dovrebbe essere chiamata adolescenza, perché per tutto quel periodo dell'esistenza l'individuo sta per diventare adulto, cresce per diventare maturo.

Considerato dunque che c'è un vizio di forma, ovvero quello di delimitare in modo fermo e deciso, etichettandolo, un periodo più o meno preciso della nostra vita (quanti anagraficamente adulti conosci che si comportano come adolescenti?), ci sono davvero delle idiozie legate ai ragazzi che stanno crescendo e che di solito si manifestano nel periodo dai 12-13 anni fino anche ai 17-18 anni? Oggi questi disagi tendono anche a essere anticipati (pre-adolescenza!) e più avanti ti spiegheremo perché. Da qualche parte, qualche idiozia anche in questo caso l'abbiamo sentita e te le riportiamo.

I 13 falsi miti svelati sull'adolescenza

1° Falso mito sull'adolescenza

L'adolescenza è necessariamente un periodo di crisi.

La natura del ragazzo

In verità non succede che un individuo la sera prima sia bambino e il giorno dopo, svegliandosi, sia un ragazzo. Non succede neppure che un bambino la sera prima sia felice e il mattino dopo sia un ragazzo in crisi, né che da questo momento la crisi perduri per mesi o, addirittura, anni. Quando davvero c'è un disagio profondo, questo prende piede a piccoli passi e le prime avvisaglie si possono avvertire con largo anticipo. Un'attenta osservazione (che non significa controllo) ci permette di individuare anche i primissimi sintomi del possibile disagio di questa fase. Per esempio, possiamo osservare se il bambino tende a non aprirsi con mamma e papà, se è sfiduciato e tende a omologarsi agli altri o a quello che fanno i propri amici (non tanto perché gli interessi fare le stesse cose, quanto perché si sente inadeguato e prendere consapevolezza di questa ferita sarebbe troppo doloroso). Oppure, ancora, possiamo notare se nostro figlio si rattrista, se ha voglia di piangere senza motivo, se spesso è nervoso. Questi sono solo esempi e possono esserci molti altri elementi in grado di rivelare le difficoltà che nostro figlio sta vivendo.

Ma l'eventuale crisi di questo periodo si costruisce nel corso degli anni precedenti ed è giusto domandarci quali ne siano le cause.

2° Falso mito sull'adolescenza

La crisi adolescenziale è fisiologica e ormonale.

La natura del ragazzo

LA CRISI ADOLESCENZIALE NON È FISIOLOGICA.
Fisiologico è respirare, fare movimento, evacuare, ma non di certo uno stato d'animo sofferente, il sentirsi perso o l'assumere delle maschere comportamentali per difendersi da un mondo che non è a propria misura.

L'unica cosa fisiologica può essere il bisogno di esprimere il carico emotivo che ci sovrasta. Non sapendo come farlo in modo adeguato, non doloroso, e non essendo in grado di fornire un senso preciso alla valanga di emozioni dalle innumerevoli sfumature, ecco che il ragazzo si sente inevitabilmente costretto a comunicare il suo stato attraverso la rabbia, la trasgressione, l'isolamento, la depressione ecc.

La crisi adolescenziale non è neppure ormonale, ovvero causata da sbalzi e cambiamenti dovuti alla produzione di ormoni nel corpo: se esiste può essere una conseguenza ma non di certo la causa. A dimostrarlo abbiamo oggi anche la Psiconeuroendocrino-immunologia (quindi una Scienza e non una Filosofia orientale o un testo di spiritualità, anche se ci piacciono di più). Questa Scienza sostiene infatti che pensieri ed emozioni influenzino inevitabilmente il corpo e le sue funzioni determinando delle conseguenze fisiche e dei cambiamenti che sono visibili e misurabili. Quindi, è il carico emotivo a produrre un'alterazione nella produzione ormonale e non viceversa.

3° Falso mito sull'adolescenza

Il ragazzo è responsabile del periodo di crisi anche se non sa gestirlo.

La natura del ragazzo

Con questa frase si voleva intendere che, nonostante il ragazzo paia essere (e lo sia effettivamente) in balia di emozioni contrastanti che non è in grado di gestire e che lo tormentano, è comunque responsabile del disagio. Insomma, dovrebbe evitare di creare e crearsi tutti questi disagi, tornare "normale" e smetterla di fare preoccupare tutti. In realtà, tutti i bambini e i ragazzi che manifestano disagi non ne sono i diretti responsabili. La responsabilità va addossata al modello educativo che subiscono durante gli anni dell'infanzia. Non ci sono colpe: i genitori svolgono il loro ruolo al meglio delle loro conoscenze e possibilità, con tutto l'amore possibile... ma semplicemente non sanno. Anche gli esperti e gli educatori non sanno: non sanno perché durante gli anni di studi imparano un sacco di belle cose ma non questo; perché, come è successo a tutti, probabilmente non hanno neppure un esempio valido interiorizzato e trasmesso dalle generazioni precedenti. Ma, nonostante questo:

1. Non possiamo più nascondere la testa sotto la sabbia;
2. Non possiamo più delegare il peso all'età, con una sorta di bella astrazione che ci solleva dal senso di colpa;
3. Non possiamo più non dirlo e fare finta di niente, girando attorno alle soluzioni come un cane dietro la sua stessa coda.

Le cause vanno ricercate negli anni precedenti, quando gli adulti possono non aver saputo creare l'ambiente educativo adeguato alla natura del bambino. Può essere che, pensando di far bene, abbiano cercato di "regolarizzarlo" (nel senso di dare un sacco di regole perché diventasse "educato") a discapito dell'amore incondizionato, può essere che abbiano privilegiato i no ai sì, che abbiano anteposto le proprie aspettative alla sua vera essenza. E la Natura stessa ci mostra le conseguenze: come un terreno pieno di scorie e rifiuti, come un fiume costretto in argini troppo stretti, anche i bambini e i ragazzi si ribellano e scoppiano! Tornare indietro, recuperare e ricucire le ferite senza lasciare cicatrici è possibile… e a breve ti riveleremo il modo.

Come hai letto la prima volta che hai preso in mano questo libro, *non sei tu a essere sbagliato, non è tuo figlio a essere sbagliato ma sono gli strumenti che hai a disposizione che sono inappropriati.* Allora possiamo cambiarli anche per questa fase della crescita e creare un rapporto di complicità e di fiducia con i nostri figli!

4° Falso mito sull'adolescenza

Questa casa non è un albergo!

La natura del ragazzo

A volte, invece, l'abitazione di famiglia si trasforma proprio in un piccolo resort o in un ostello. Perché? I motivi possono essere di due nature, la prima dettata dal disagio, la seconda fisiologica:

Primo motivo casa-albergo

Casa mia diventa un albergo perché non trovo più validi motivi per continuare a soddisfare le aspettative dei miei genitori, che non corrispondono alla mia natura. Se li infastidisco, almeno, mi danno più attenzioni. È un buon modo per fare arrabbiare anche loro ("*perché solo io devo provare rabbia e avere la vita dura? Del resto sono loro i responsabili*"), non hanno e non hanno avuto rispetto di me... quindi io non rispetto le cose a cui tengono. In verità, c'è da dire che se continuiamo a voler far apprendere le buone maniere e le regole per l'igiene personale e domestica con l'imposizione e le filippiche, è probabile che a tuo figlio non venga spontaneo rifare il letto, chiamare quando ritarda, fare una lavatrice, perché davvero non lo ha interiorizzato in modo naturale.

Secondo motivo casa-albergo

Casa mia diventa un albergo perché per mia natura è giunto il tempo di aprirmi sempre di più all'esterno, senza identificarmi con il passato, con le cose e con le situazioni, e quindi anche con la mia casa, quella dove vivo con i miei genitori. Mentre noi, adulti di oggi, facciamo parte di una generazione che, come quelle precedenti, vive di attaccamenti materiali e di ordine affettivo, per la generazione dei giovani molte volte non è così. E meno male! Si possono affezionare, possono apprezzare, ma senza legarsi alle cose. Possono sentire la propria casa come un porto sicuro, ma non è detto che ne abbiano nostalgia quando vanno in vacanza o restano fuori per il weekend. La sentono come la loro casa ma non è detto che investano parte del tempo per cambiare le tende della cameretta, per pulirla, per fare il cambio di stagione. Spendono il loro tempo per cose che ritengono più interessanti e produttive per il loro futuro.

In questo secondo caso possiamo, in qualità di genitori, rasserenarci e rallegrarci. Possiamo vivere felici ed eleggere l'atteggiamento di nostro figlio ad esempio.
Nel primo caso invece, a confermarci che si tratta proprio di un disagio e di una reazione emotiva ci sono una buona dose di rabbia, di rancore oppure uno stato di profonda tristezza. La possibilità di aiutarlo e di rimediare ci viene fornita dal domandarci in cosa possiamo essere stati carenti: forse nostro figlio si sente giudicato; forse siamo stati duri, bacchettoni o, viceversa, troppo lassisti; può darsi anche che abbiamo avuto poco tempo per ascoltarlo ecc. Trovando la risposta, possiamo iniziare a porvi rimedio, modificando innanzitutto il nostro atteggiamento. Il primo suggerimento è: molla la presa! Evita di ripetere le stesse cose, di elencare regole come un disco rotto, di chiedere informazioni sul tempo trascorso fuori casa come se fossi il tenente Colombo, di ispezionare la sua psiche e le sue tasche come se fossi un detective di CSI. Tu come ti senti se gli altri lo facessero con te?
Ma come fare allora per mantenere saldo il tuo ruolo, ma in modo utile ed efficace? La risposta a questa domanda la troverai più avanti al paragrafo in cui ti forniremo le 10 indicazioni pratiche.

5° Falso mito sull'adolescenza

Si calmerà solo negli anni successivi, quando inizierà a essere appagato dai primi successi amorosi e lavorativi.

La natura del ragazzo

Si deve calmare? Anche in questo caso viviamo il profondo disagio dei ragazzi come un peso di troppo per gli adulti, come un capriccio. Sappiamo invece che si tratta di ben altro e che per i ragazzi fortunatamente non vale l'abitudine che invece spopola tra gli adulti di rassegnarsi all'infelicità, compensando con le relazioni affettive, con il cibo, le distrazioni. I ragazzi continuano a far valere il loro diritto di essere se stessi e staranno meglio quando troveranno pace, quando si sentiranno accettati, e avranno un adulto di cui potersi fidare, che gli suggerisca il modo efficace per sanare il dolore e la rabbia, e per costruirsi da soli gli strumenti interiori che gli garantiranno un futuro di serenità e di completa realizzazione dei propri obiettivi.

6° Falso mito sull'adolescenza

Gli adolescenti vivono la lotta tra il bisogno di richiedere forza al genitore, perché loro non l'hanno contrapposto al desiderio di indipendenza.

La natura del ragazzo

Che a quest'età, non si sia ancora maturi e del tutto autonomi sul piano affettivo è vero, e ce lo dimostra molto bene la natura dei cicli settennali. È quindi del tutto naturale che i ragazzi sentano necessità di ricevere ancora sostegno. Non crediamo invece che ci esista una lotta tra questo e il desiderio di indipendenza, anche perché,molto semplicemente, non riteniamo che si tratti di desiderio di indipendenza. Noi adulti lo definiamo "desiderio di indipendenza" o "bisogno di indipendenza", quando non vogliamo che i figli crescano, quando in fondo speriamo di mantenere un po' di controllo su di loro, o quando insistiamo nel voler dipendere da loro affettivamente. I nostri figli semplicemente crescono, vivono secondo il principio naturale che ci porta a non fermarci, a cambiare continuamente scenario e spettacolo. Il disagio non è quindi frutto di una lotta interiore dovuta a periodi fisiologici di crescita. La Natura si muove, avanza, ma lo fa senza lottare.

7° Falso mito sull'adolescenza

L'adolescente crea il distacco naturale con il genitore attraverso la sofferenza di quest'ultimo.

La natura del ragazzo

Anche in questo caso spieghiamo una naturale manifestazione del periodo di crescita (il "distacco naturale" e ci chiediamo: se è naturale, perché dovrebbe avere bisogno di generare sofferenza in qualcuno?) con una proiezione dell'adulto. Siamo noi adulti che, a volte, per mancanza di trasparenza o per paura di sentire i sentimenti preferiamo chiudere le porte al cuore e aprirle alla sofferenza, oppure inciampiamo senza volerlo in questi errori. I ragazzi no. Naturalmente, si distaccano dalla famiglia di origine e se fanno qualcosa per cui i genitori soffrono o non lo fanno volontariamente, oppure hanno dei buoni motivi interiori per creare nell'adulto un disagio. Ma la domanda importante che dobbiamo porci è: perché io genitore ne soffro? Perché mi arrabbio? Perché non riesco a essere lucido e neutrale davanti alle manifestazioni di rabbia di mio figlio o alle sue provocazioni? Possiamo cercare la responsabilità dentro di noi senza delegarla a loro e trovare il modo di risolvere le nostre ferite e i nostri meccanismi, diventando così un sostegno davvero neutrale ed efficace.

8° Falso mito sull'adolescenza

Gli adolescenti preferiscono riferimenti esterni, tra i coetanei, piuttosto che quelli dei genitori.

La natura del ragazzo

Il pezzo di verità è rappresentato dal fatto che i ragazzi in questo periodo formano sempre più solidamente una propria individualità con idee non necessariamente identiche a quelle di mamma e papà, e cercano il confronto anche all'esterno tra il gruppo dei loro pari. La loro crescita prevede naturalmente l'allontanamento graduale dal nido a favore di legami nuovi con coetanei o comunque con altri individui dell'ambiente allargato, oltre i confini della famiglia. Per quanto riguarda invece la parola "riferimento", diremmo che se in famiglia viene costruito quello solido, il ragazzo non sentirà la necessità di cercarlo all'esterno.

All'esterno cercherà socializzazione, confronto, scambio di esperienze, condivisione ma non sostegno.
Il SOSTEGNO ARMONIOSO viene dato prima da mamma e papà che, con il loro esempio, permettono al bambino prima e al ragazzo poi di costruirsi interiormente quello proprio.

Mentre, se il ragazzo si sente costretto a cercare stampelle esterne significa che qualcosa all'interno del nucleo familiare non ha funzionato ma, anche in questo caso, è sempre possibile recuperare. Vogliamo anche sottolineare come in molti casi, dovendo sempre fare un'osservazione introspettiva, se noi per primi abbiamo delle carenze affettive, è difficile poter costruire sostegni disinteressati per i nostri figli. Spesso, infatti, cresciamo come i prodotti dell'orto, che vengono coltivati con cura per ottenere qualcosa in cambio, ovvero che diventino cibo. Così come i prodotti dell'orto sono il nostro cibo fisico, allo stesso modo a volte facciamo dei figli il nostro cibo affettivo, volto a colmare la nostra insaziabile fame di affetto e riconoscimento.

9° Falso mito sull'adolescenza

I conflitti familiari tra genitori e figli sono inevitabili.

La natura del ragazzo

In Natura non ci sono mammiferi che litigano con i loro cuccioli, a meno che non si tratti dell'ultimo vero svezzamento, quello che vede i cuccioli ormai cresciuti, pronti ad affrontare il mondo, per cui i genitori li vedono come loro pari e gli insegnano a lottare con loro per il cibo e per il dominio sul territorio. Così come per gli animali, anche per gli umani il rapporto tra genitori e figli può essere del tutto armonico, a condizione che i genitori siano il più possibile maturi affettivamente così da non considerarsi coetanei dei propri figli e vivere, anche se in modo inconsapevole, dei conflitti, e a patto che vengano anche seguiti i principi naturali per la loro crescita, in modo che i figli si sentano a loro agio nell'ambiente familiare.

I CONFLITTI FAMILIARI tra genitori e figli sono del tutto EVITABILI perché non sono previsti dalla Natura, ma solo dalle false abitudini e dalla mente dell'uomo quando fa prendere il sopravvento a GIUDIZI, RANCORI e CONDIZIONAMENTI.

10° Falso mito sull'adolescenza

In materia di educazione la regole è sempre la stessa: porre dei limiti e, se necessario, punire e sanzionare, senza umiliazione, ed è importante che l'adolescente in seguito a questo abbia la sensazione che la punizione non sia per lui ma per l'azione commessa.

La natura del ragazzo

Né i bambini né i ragazzi sono stupidi ed è impossibile dargliela a bere, slegando da loro le azioni che compiono. Se giudichiamo l'azione commessa, più o meno indirettamente, anche chi ne è responsabile si sente coinvolto e giudicato. Se continuiamo a giudicare le loro azioni senza cercare prima di osservare, di porci domande su come poterli accettare e renderci davvero disponibili alla comprensione e al sostegno, non arriveremo da nessuna parte e non faremo altro che amplificare il divario tra le generazioni. Inoltre, se i limiti e le punizioni non funzionano per i bambini, funzionano ancor meno per un ragazzo che, grazie alla maggiore consapevolezza della sua individualità, non ha bisogno di dipendere così fortemente dagli umori dell'adulto per la sua sopravvivenza ed è quindi meno disposto a ingoiare il boccone. Per fortuna i ragazzi sono molto meno inclini alla manipolazione e per questo noi adulti entriamo in crisi (e definiamo la loro età una "crisi") quando dobbiamo gestirne il temperamento e la natura tanto diversa dalla nostra.

11° Falso mito sull'adolescenza

Educare i figli significa anche fargli capire che i genitori hanno bisogno dei figli tanto quanto i figli hanno bisogno dei genitori.

La natura del ragazzo

Se davvero siamo adulti maturi possiamo essere empatici e sentirci profondamente connessi con i nostri figli senza dover necessariamente pretendere da loro aiuto e sostegno. Nella maturità siamo autonomi e bastiamo a noi stessi, pur condividendo la nostra vita con gli altri. Per costruire una buona relazione affettiva con i propri figli e far sì che loro costruiscano delle sane competenze interiori utili al loro sviluppo, dobbiamo essere per loro un esempio efficace.

Se abbiamo bisogno del loro affetto, delle loro attenzioni e della loro presenza per sopravvivere, partiamo in salita: se sul piano affettivo non siamo delle BATTERIE AUTORICARICABILI, inevitabilmente costruiamo con loro un RAPPORTO DISTORTO, fatto di manipolazione, dove DIAMO PER RICEVERE (anche se abbiamo difficoltà ad ammetterlo).

A lungo andare ne pagheremo il prezzo, perché nostro figlio prima o poi sentirà questo peso e questa responsabilità diventare intollerabili e ci chiederà di pagare il conto. Ma c'è di più. Se il bambino, ora ragazzo, ha assorbito un esempio maturo dagli adulti di riferimento, spontaneamente aiuterà i genitori nelle cose pratiche, dalle pulizie di casa alle gestione degli altri fratelli, dalla spesa al giardinaggio. Tutto questo senza bisogno di "far capire" o spiegare. Avviene spontaneamente e senza sforzo. La chiave è sempre la qualità della relazione fra genitore e figlio coltivata negli anni.

12° Falso mito sull'adolescenza

L'adolescente si costruisce l'immagine ideale di sé sulla base del gruppo di amicizie o di idoli.

La natura del ragazzo

È vero che oggi, nella maggior parte dei casi, accade proprio così, ma non per questo possiamo dire che si tratti di una questione "secondo Natura". I ragazzi, infatti, si vedono costretti a costruirsi una propria individualità sulla base di modelli esterni (forniti soprattutto dai coetanei), ma questo accade solo dopo che hanno provato il profondo dolore causato dalla scoperta di non aver costruito negli anni un'individualità propria, di avere l'autostima sotto i piedi e, soprattutto, dall'accorgersi che quel triste sospetto è una realtà: sui genitori non si può contare quanto e come si vorrebbe (anche se nella nostra ottica di adulti non è così e ci sembra di essere molto disponibili e di aver fatto il possibile). Ecco che per forza, dopo aver brancolato un po' nel buio più nero, cercheranno appiglio in un modello esterno, tentando di annebbiare il proprio essere per non sentire il disagio e la svalutazione accumulati negli anni. Tutti gli individui nascono con un'idea di sé ben chiara e definita, e con un alto senso di autostima. Ma, con il passare del tempo, il modello educativo che non rispetta la loro natura e che gli impone schemi preconfezionati, sommato alle aspettative dei genitori e ai loro inconsapevoli giudizi, seppellisce sotto una coltre di aria fritta la vera essenza individuale dei ragazzi che si vedranno così costretti a lottare per recuperarla. A volte ci riescono e, anche se appaiono diversi agli occhi degli altri, fanno emergere la propria natura. Altre volte, invece, soccombono omologandosi all'esterno, ai dogmi di un castello di carta chiamato società, diventando un numero invece di un fiore.

13° Falso mito sull'adolescenza

L'adolescenza è un'età di mezzo.

La vera natura del ragazzo

L'adolescenza non è un'età di mezzo, perché abbiamo imparato a non separare e a non inscatolare. Semmai possiamo dire tra di noi che sta diventando una "Terra di mezzo": a forza di inscatolarla e di non riconoscerne le reali necessità, finiremo per considerarla una terra di nessuno.

Le 7 domande roventi sull'adolescenza

A proposito di difficoltà esistenziali legate a questo periodo della vita, prima di sondare la vera natura dell'individuo e di trovarvi le risposte, avevamo numerose domande che ci frullavano nella testa e che adesso sottoponiamo anche a te.

Perché il "problema" dell'adolescenza non c'è sempre stato nella società?

Da un lato è vero che in alcuni periodi della nostra storia i "problemi adolescenziali" non esistevano semplicemente perché non esistevano ragazzi. Nel senso che o eri un infante insignificante simile a un animaletto o a una pianta, oppure eri considerato già praticamente un adulto: nel momento stesso in cui aumentava la tua autonomia eri pronto per lavorare, per contribuire al sostentamento della famiglia e, quindi, venivi considerato "grande". Il periodo in cui si era "ragazzi" veniva saltato a pie' pari. Ma è anche vero che le grandi difficoltà proprie di questa fase hanno iniziato a manifestarsi nell'esatto momento in cui è cambiato il modello educativo, che si è fatto molto più razionale, scientifico e che ha perso quella spontaneità tipica dell'intuito e dell'istinto che si nutre dell'osservazione del bambino, dell'ascolto dei suoi bisogni anziché di imposizioni preconfezionate e virtuali. I problemi legati al periodo adolescenziale sono la sommatoria, lo ripetiamo ancora, del modello educativo contrario alla natura dell'individuo che proponiamo ai nostri figli a partire dai primi anni. In questo discorso è inclusa anche la Scuola con il suo modello antiquato e contro Natura.

Perché, oggigiorno, in alcune culture non esiste neppure l'idea di una crisi adolescenziale?

A volte ci viene il triste sospetto che sia per qualcuno un motivo in più per creare una fascia di utenti problematici da curare. Anziani e malati sembrano infatti non bastare, e così aggiungiamo crisi adolescenziale e sindrome da iperattività!

Perché questo periodo considerato difficile inizia sempre prima?

Perché un tempo a dieci anni le bimbe giocavano con le Barbie e raccoglievano fiori nei prati, mentre oggi guardano "*Violetta*" (programma televisivo per ragazzi più grandi, dal nostro punto di vista) e parlano di fidanzati? Questo accade perché, a volte, gli adulti che si occupano dei bambini fanno a priori scelte un po' azzardate, le cui conseguenze fanno spesso di difficile gestione. Per esempio, il farli assistere a programmi televisivi poco adatti alla loro età, chiedergli fin dalla Scuola materna se hanno il fidanzatino ecc. Come ormai sai, i bambini si adattano all'ambiente circostante che viene loro proposto e si identificano con esso.
C'è poi un altro aspetto molto importante e più sottile a cui possiamo ricondurre la causa dell'anticipazione sempre più consistente del periodo di crisi o dell'adolescenza in generale: troppo spesso,

fin da piccoli, li trattiamo come adulti. I bambini saltano la fase di gioco e di spensieratezza tipica dell'infanzia per omologarsi al target che viene loro presentato. Quali sono gli aspetti più influenti che deviano il bambino portandolo ad atteggiarsi come un adulto troppo precocemente? Li troviamo tutti nel rapporto educativo tra adulto e bambino, che ci porta a:

1. Responsabilizzarli eccessivamente durante la prima infanzia;
2. Parlargli dei nostri problemi e confidarci con loro;
3. Chiedergli consigli e, in generale, metterli troppo spesso davanti a delle scelte;
4. Imporre regole a sfavore della spontaneità e dell'amore;
5. Optare, troppo spesso, per i no a discapito dei sì;
6. Regalargli giochi preconfezionati, che li allontanano dalla natura, dall'esperienza e dalla pratica;
7. Permettergli di vedere programmi televisivi con ostentazione dell'apparenza, del sesso, della performance, di modelli di perfezione costruiti dall'uomo e non dalla natura.

Se invece, negli anni in cui il bambino deve fare il bambino, ci proponiamo a lui come la sua natura richiede, seguendo ad esempio i vari suggerimenti che hai trovato in questo libro, tuo figlio avrà la possibilità di vivere pienamente l'infanzia, senza bruciare le tappe. Naturalmente arriverà al momento giusto per il contatto con l'esterno, per i doveri e le responsabilità, per l'esperienza dell'amore di coppia ecc. Per farti un altro esempio: guarda che cosa succede con i frutti della terra quando manipoliamo e alteriamo i loro tempi di crescita e maturazione: portano a qualcosa di buono?

Perché con gli adolescenti si parla tanto di sesso, di preservativi e poco di amore?

Abbiamo tanta paura che succedano cose tali da rovinare la loro vita, da intralciarne la strada e da rallentare il raggiungimento dei loro obiettivi. Temiamo che facciano scelte sbagliate e che, a causa dell'incoscienza, della mancanza di informazioni e di esperienza, facciano "cavolate". Cosa che potrebbe danneggiare loro che sono giovani, ma che potrebbe anche nuocere a noi che siamo adulti, per altre "patate" più bollenti da gestire, per le opinioni che gli altri potrebbero farsi della nostra famiglia. Ecco dunque che corriamo ai ripari! In ambito di sessualità, ad esempio, creiamo sportelli di ascolto, facciamo lezioni *ad oc* a scuola, a casa forniamo risposte sul sesso, sulla contraccezione, sul come difendersi dai pericoli e dalle malattie.

Tutto perfetto. Ma poi non lamentiamoci se i nostri ragazzi diventano insensibili, se nel loro linguaggio abbondano le battute sugli organi genitali, volgari e denigranti, se le nostre fanciulle svolazzano con piacere da un fiore all'altro come se si trattasse di un nuovo sport e i nostri fanciulli fanno altrettanto, se il primo rapporto sessuale in età sempre più precoce.

Tutto il nostro impegno serve, ma ci vuole di più, molto di più. Perché a partire dagli anni precedenti non educhiamo innanzitutto all'Amore, all'Amore in tutte le sue forme e in tutti i suoi colori.

Perché non parliamo della sacralità dell'atto di amore, del rispetto tra due corpi differenti che si incontrano, dell'unione profonda dell'uomo e della donna? Di condivisione di valori e di progetti comuni? Di senso di appartenenza e rispetto che due innamorati maturi sentono e provano l'uno per l'altra? Della bellezza, della crescita e della gioia che apporta il legame d'amore fra due amanti? Non vogliamo dare a queste domande alcuna connotazione religiosa o moralistica, ma soltanto concederti la possibilità di fare qualche riflessione in più a vantaggio delle troppe potenzialità dei giovani di oggi che rimangono rilegate, sacrificate e che perdono la possibilità di fruttificare.
Tutti i ragazzi possiedono questo tipo di sensibilità ma se noi per primi, come adulti, non gliela serviamo su un piatto d'argento, confermando loro che il mondo in cui vivono è fatto anche di questo e che questi semi sono al posto giusto per crescere e svilupparsi, allora i nostri figli si adatteranno alla banalità, alla paura, alla superficialità.

Perché hanno così tanta rabbia nei confronti di noi genitori?

In questa fase della loro crescita i ragazzi non sono ancora completamente maturi. Ci sembrano spigliati, autonomi e intraprendenti e, per molti aspetti lo sono, ma se davvero vogliamo aiutarli non dobbiamo farci trarre in inganno. Hanno ancora bisogno di noi, di quegli adulti sereni, disponibili e sicuri che possono fornire loro un buon appoggio, un trampolino di lancio saldo per potersi tuffare nel mare della vita. E, dunque, perché se la prendono tanto con noi genitori e con gli adulti in generale? Perché si accorgono che i giorni passano e questo trampolino, che per loro è ancora fondamentale, non c'è.

Per di più, in questa fase tutto si amplifica. Se prima il bambino provava dei disagi ma dipendeva ancora in gran parte dall'emotività e dalle direttive di mamma e papà, una volta cresciuto e diventato più autonomo sotto tutti i punti di vista, questa regola non vale più. Non essendo più bambino, il ragazzo smette di adattarsi e vede più chiaramente gli eventuali errori, le incongruenze, le ingiustizie. Se prima alcune cose passavano inosservate, nell'adolescenza non è più così, anzi tendereanno ad amplificarsi. Prova a riflettere un attimo sulla tua adolescenza e troverai sicuramente episodi in cui ti sentivi in questo modo.

Nel momento in cui il nostro giovane è chiamato dalla vita stessa a iniziare a manifestarsi, si accorge purtroppo di non avere gli strumenti adeguati per farlo e non li ha perché non sono stati costruiti negli anni precedenti. Chi doveva costruirli dato che sono suoi? Forse lui stesso crescendo? No, perché nella totale dipendenza dalla famiglia, questo compito spettava a lei, come ormai ti sarà chiaro, e quindi accusa inconsciamente i genitori di questa mancanza.

Anche se questa è la sensazione del ragazzo (fondata su un suo punto di vista oggettivo) siamo consapevoli che il riversare le colpe sui genitori, giudicandoli, è del tutto inutile per due motivi. Primo: anche a mamma e papà sono state inferte delle ferite quando erano bambini, ferite che li condizionano ancora adesso da adulti. Secondo: perché con l'eventuale intervento di mamma e papà e sviluppando le nostre competenze interiori è sempre possibile recuperare la relazione.

All'atto pratico, l'accusa si manifesta proprio con la ribellione, il panico, la depressione, l'isolamento, l'opposizione e calpestando i valori in cui la famiglia stessa crede e che ha cercato di trasmettere.

Non potendo fare affidamento su basi costruite dalla famiglia, il ragazzo inizia ad appoggiarsi su quello che trova. Se gli va male si affida a MODELLI ESTERNI dannosi e riprovevoli, pur di non scivolare. Se gli va bene fa affidamento sulle sue forze interiori, che non saranno ancora completamente mature, ma che qualcosa possono pur farlo.

In quest'ultimo caso possiamo spesso osservare i ragazzi che vogliono rendersi autonomi a tutti i costi, che dicono di voler prendere in mano la loro vita, che sostengono di potercela fare senza niente e senza nessuno.

Accade anche dell'altro in questo periodo. I ragazzi che crescono e si avvicinano all'ultimo svezzamento, quello completo e libero dagli affetti e dal sostegno familiare, riescono ora a vedere il lato umano del genitore. Avendo una loro etica e una loro morale che a volte non combacia con quella dei loro genitori e provando a volte la sensazione di non aver ricevuto il giusto, ecco che davanti ai loro occhi si palesano le falle, i meccanismi in grado di spiegare i disagi attuali e quelli infantili. Lo vedono ora chiaramente e non sono più disposti a scendere a compromessi, né ad accettare una realtà scomoda per poter sopravvivere. I ragazzi diventano consapevoli delle manipolazioni e delle pressioni inflitte a volte da mamma e papà, anche se del tutto involontariamente. Diventano per loro evidenti i danni di quel patto silenzioso stipulato nell'infanzia: "*ti darò amore e assistenza ma tu farai quello che voglio, farai di tutto per diventare chi io voglio e appena potrai dovrai ricambiare stando con me, non abbandonandomi e dandomi soddisfazioni*". Questo non è crescere in libertà, loro lo sanno e ne soffrono.

I genitori, dal canto loro, non tollerano questi atteggiamenti del figlio, si preoccupano e cercano di mantenere la loro posizione. Perché anche l'adulto perde le staffe ed entra nella reazione, anziché mostrarsi neutrale ma efficace nel proporre ed attuare soluzioni? Perché anche lui è vittima del meccanismo affettivo.

Se l'adulto ha INVOLONTARIAMENTE MANIPOLATO il proprio figlio, se ha avuto ASPETTATIVE, se ha proiettato su di lui degli SCHEMI PRECONFEZIONATI, se anche lui ha firmato il tacito accordo, ecco che inizia a non sentirsi abbastanza ripagato degli sforzi fatti.

Un figlio autonomo, diverso da quello che io credevo e speravo, un figlio libero, con le sue idee, che vuole spendere il proprio tempo per realizzare i suoi progetti e non i miei, mi disturba, mi fa sentire vuoto e arrabbiato. Questo è ad esempio il caso di un padre avvocato che ha persuaso negli anni il figlio a scegliere un percorso di studi in Giurisprudenza, perché tanto c'era lo studio di papà. O di un restauratore che ha spinto verso lo stesso percorso la figlia, perché c'era un laboratorio avviato con tutta l'attrezzatura per lavorare, senza dover partire da zero come ha dovuto fare papà. Tutto perfetto, se solo la passione di quel ragazzo è la Giurisprudenza e l'arte del restauro per la ragazza. In caso contrario stiamo allontanando il ragazzo o la ragazza dai talenti e dalle passioni che gli sono propri, comportando frustrazione nella sfera lavorativa e infelicità nella vita.

Perché se hanno delle risorse interiori sembrano spesso brancolare nel buio?

Accade perché non hanno avuto l'opportunità di trasformare le proprie competenze interiori, quelle in grado di donargli fiducia in sé e nella vita e di permettergli di autosostenersi e di perseverare. Inoltre, essendosi dovuti adattare e omologare a quello che gli adulti desideravano, hanno perso di vista i loro veri obiettivi interiori, il loro progetto, e ora non sanno verso quale meta camminare.

Alla fine siamo proprio un po' contorti: il bambino in fase egocentrica (con il quale dovremmo essere dolci, coccoloni e amorevoli) lo trattiamo come un adulto, gli impartiamo delle regole e cerchiamo di farlo ragionare sulle cose. Con l'adolescente (verso il quale dovremmo mantenere un atteggiamento accogliente ma anche autorevole proprio perché, esponendosi sempre di più al mondo, necessita di punti familiari davvero fermi, di un porto sicuro, di fondamenta solide) ci trasformiamo e vogliamo essere i suoi migliori amici, fumare con lui la prima sigaretta, chattare come fa lui, farci fare le confidenze e fare a lui le nostre!

Ma come può in questo modo nostro figlio crearsi una portaerei con solida piattaforma di lancio per far volare con un rombo di motori il suo super velivolo? Non ce ne vogliate ma, continuando nella metafora, così gli forniamo un materassino da spiaggia, magari di quelli matrimoniali e in tessuto, ma pur sempre un materassino da spiaggia!

Iniziano quindi ad abbandonare tutte quelle caratteristiche che li rendono simili ai genitori, a quei genitori da cui volevano amore e per i quali si sono trasformati in mutanti. Più la corda è stata stretta negli anni precedenti e più il distacco che porta il ragazzo verso la sua natura è repentino, violento, doloroso e rabbioso.

Se invece il ragazzo fin da bambino fosse lasciato libero di ESPRIMERE SE STESSO e la sua INDIVIDUALITÀ, se non venisse giudicato, se non si pretendesse da lui quello che in quel momento non può dare allora la definitiva uscita dal guscio, il suo definitivo SBOCCIARE E MATURARE sarebbero totalmente indolori.

Ma cosa ne devo fare allora di questo ragazzo?! Le 11 indicazioni pratiche per l'adolescenza

Ecco i suggerimenti più efficaci che puoi seguire passo dopo passo per ripristinare il rapporto con tuo figlio e per far sì che lui possa stabilire un buon rapporto con se stesso:

1. Fai il possibile per non giudicarlo;
2. Renditi accogliente e disponibile nel venire in suo aiuto, se di questo ha bisogno;
3. Resta fermo sulle tue posizioni, mostrati forte e sicuro di te, sii per lui un vero sostegno. Se la corda è sufficientemente tesa senza rischiare di spezzarsi allora sarai per lui un buon riferimento e non ti sentirà come un controllore, come una palla al piede o come un mollusco;
4. Continua a dargli un buon esempio da seguire senza volerlo per forza indottrinare;
5. Dì la tua, esprimi quello che senti e quello che pensi, senza pretendere che lui sia per forza d'accordo con te;
6. Se ti accorgi che tuo figlio ha delle carenze affettive dovute alle tappe precedenti (cosa molto probabile qualora manifesti dei disagi), fai il possibile affinché le possa recuperare, perché è sempre possibile a ogni età;
7. Se lo vedi insicuro, anziché spronarlo eccessivamente verso l'autonomia, almeno all'inizio sii tu stesso un buon bastone su cui

appoggiarsi, una buona spalla su cui piangere, una buon enciclopedia nella quale trovare soluzioni;

8. Rimani il suo genitore: accoglilo, sostienilo, infondigli fiducia e coraggio ma non trasformarti in un suo coetaneo. Tieni le tue paure e le tue confidenze per te o per i tuoi amici, se hai bisogno di consigli chiedili al tuo compagno o alla tua compagna ma non a tuo figlio. Proprio perché sei il suo genitore fai il possibile per limitare il tuo potere coercitivo su di lui;
9. Coinvolgilo chiedendo che cosa pensa della vita, che cosa desidera, come pensa di realizzare il suo futuro, dove vede le difficoltà e come vorrebbe risolverle. Trovate insieme le soluzioni;
10. Come diceva Gandhi: «*Sii tu il primo esempio che vuoi vedere nel mondo*». Allora sii tu autonomo, gioioso e perseverante nel trovare le soluzioni e nel vivere delle proprie passioni: tuo figlio lo imparerà osservandoti e "vivendoti". Lo stesso discorso è valido per tutto il resto: rispetto, etica, ordine ecc.
11. Come la farfalla che se aiutata a uscire dal bozzolo non sviluppa le ali, cade e muore, così anche il tuo ragazzo, se eccessivamente trattenuto e aiutato farà la stessa fine. Verso la fine dell'ultimo settennio, tutte le responsabilità devono essere delegate e va tagliato l'ultimo cordone ombelicale. I ragazzi devono rendersi autonomi sotto tutti i punti di vista e perseverare nel farci carico dei loro problemi non non gli permetterà di diventare uomini e donne maturi.

Caso pratico n°10

Ivana (sedici anni), l'allergia e il mal di stomaco

Ivana è arrivata da noi in consulenza con la mamma e, insieme, ci hanno raccontato che la ragazza da più di tre mesi soffriva di frequenti e lancinanti dolori allo stomaco, accompagnati da sfoghi allergici sulla pelle e dal gonfiore delle labbra. Non riuscendo ad associare queste manifestazioni fisiche a nessun alimento che potesse dare problemi allergici o di digestione, la mamma la portò da noi. Fattaci descrivere la situazione, chiedemmo di poter parlare con Ivana da soli, in quanto era evidente che si sentiva un po' inibita a esprimersi in presenza della mamma.

Una volta soli, le domandammo di descriverci per bene i sintomi che provava quando aveva dolore e quando si presentavano le manifestazioni allergiche. Le chiedemmo anche se circa tre mesi prima, in concomitanza con la comparsa dei dolori, nella sua vita fosse cambiato qualcosa, se si fosse verificato un episodio che l'aveva particolarmente infastidita. Ivana non impiegò molto a risponderci e, rilassandosi sulla sedia con le lacrime che iniziavano a scendere, si sfogò dicendoci di essere molto triste e arrabbiata perché, proprio in quel periodo, aveva discusso animatamente con il suo migliore amico (per il quale provava anche dei sentimenti profondi che andavano oltre l'amicizia) e di sentire in lui un cambiamento nei suoi confronti.

Oltre a questo, Ivana ci disse che la cosa più triste per lei era di essersi chiusa in se stessa e di non riuscire a esprimere fino in fondo i motivi del proprio disagio. Parlando pianse e si liberò di

questo peso. Come fare per risolvere il suo problema?
Una volta individuata la causa emotiva, le suggerimmo un esercizio da fare a casa per potersi liberare dalle emozioni trattenute e le consigliammo anche dei fiori di Bach e dei rimendi naturali specifici per la sua situazione.
Oltre a questo, la cosa importante che doveva essere fatta era di dare la possibilità a Ivana di ritrovare un proprio equilibrio e di risollevare la sua autostima (il rapporto con questo ragazzo aveva infatti dei forti caratteri di dipendenza e Ivana si era sentita profondamente umiliata). Stabilimmo di comune accordo che avrebbe dovuto trascorrere più tempo a fare cose di suo interesse (scegliere per esempio di rifrequentare il gruppo della pallavolo, di impegnarsi a recuperare due materie scolastiche e di ricominciare a occuparsi attivamente del cagnolino di famiglia, cosa che aveva smesso del tutto di fare). Per evitare che Ivana non si lasciasse andare e non accondiscendesse alla rinuncia, compilammo insieme una tabella settimanale dove appuntammo i suoi vari impegni intervallandoli a momenti di gratificazione come ad esempio guardare il suo programma TV preferito o andare a mangiare la pizza.
Oltre a questo, scegliemmo con lei una persona di sua fiducia (la vicina di banco, sua amica) con la quale avrebbe potuto e dovuto parlare delle sue emozioni e dei suoi sentimenti. Questa scelta era dettata dal fatto che a nostro avviso per lei sarebbe stato troppo difficile fare tutti questi passaggi da sola.
Dopo un mese e mezzo ci risentimmo: non c'erano più stati episodi

di mal di stomaco e neppure di sfoghi allergici; il morale di Ivana era molto più sollevato, nonostante le capitasse ogni tanto di ricadere nella tristezza. Stava recuperando una delle due materie scolastiche e non sempre era riuscita a portare fuori il cane. Mancavano quindi ancora alcuni tasselli ma, essendo trascorsi poco più di 40 giorni, anche a lei sembrava di aver raggiunto un ottimo successo e nell'insieme era molto soddisfatta. Ci scrisse dopo qualche mese, confidandoci che la situazione era rientrata del tutto.

Se osservi la natura del tuo ragazzo scoprirai che… puoi trovare la soluzione del suo disagio MIGLIORANDO IL RAPPORTO tra di voi e ASCOLTANDO con più attenzione i suoi veri BISOGNI EMOTIVI.

12

Un aiuto in 7 passi per non sentirti smarrito dopo aver letto le 7 Idiozie

"*E adesso come faccio? Guarda che disastro ho combinato negli anni! Ma come ho fatto a non pensarci prima? Mi sento così solo adesso, tutto chiaro ed efficace, ma tutto così diverso da quello che si vede fare in giro!*"
Nessun problema… bando alle ciance e ai vittimismi e, se vuoi, su le maniche! Come?
Grazie a questi 7 passi:

Passo n°1
Prima i più semplici

Inizia con la cosa/il cambiamento che per te è più semplice mettere in pratica in questo momento. È naturale avere le idee confuse dopo aver letto un libro come questo, alla fine di una consulenza o di un corso. Sentiamo che è la cosa giusta ma non sappiamo bene da dove partire. Siamo pieni di entusiasmo ma temiamo di crollare alla prima difficoltà, al primo urlo o al primo no di nostro figlio. Più tuo figlio è piccino e più risponderà bene al "cambiamento": finalmente si sentirà amato, coccolato, rispettato e al posto giusto per essere se stesso. Per questo, soprattutto all'inizio, le cose potranno non essere proprio idilliache come te le aspetti. Infatti, proprio perché tuo figlio sentirà di essere nel posto giusto e al momento giusto, con davanti due genitori che sanno qual è il suo vero bene, forse si concederà di esprimere tutto il suo eventuale rancore, la sua rabbia, le sue paure, fino ad arrivare al fondo del barile perché consapevole che finalmente c'è qualcuno in grado di comprendere i suoi bisogni, che lo sostiene e non lo giudica, per cui non ha più bisogno di reprimere le sue emozioni cercando di essere chi fa piacere a mamma e papà. Se dovesse accadere, interpretalo come un ottimo segnale da parte del bambino, che ha finalmente la possibilità di essere libero di esprimersi. Se noi lo accogliamo e lo sosteniamo senza "tornare alle vecchie maniere", una volta vuotato il sacco, potrà esprimersi liberamente senza dover trattenere altre emozioni e quindi senza rischiare che queste esplodano da un momento all'altro. Come fare quindi per iniziare nel modo giusto? Comincia mettendo in pratica i suggerimenti che ritieni più facili, che non ti prendono troppo tempo, che riesci a gestire considerando gli impegni quotidiani e anche i tuoi schemi passati, con i quali ti troverai a fare i conti.

Passo n°2

Chi va piano va sano e va lontano

Una cosa alla volta. Anche l'Everest si scala un passo dopo l'altro. E qui non è diverso. Se, leggendo il libro, ti sei accorto che qualcosa nella relazione con tuo figlio può cambiare o se ti sei accorto che molto e magari quasi tutto può cambiare in meglio, non farti prendere dall'entusiasmo, perché potrebbe rivelarsi un'arma a doppio taglio. Sii prudente e ponderato, prendi in considerazione la comodità di iniziare da un aspetto alla volta. Inizia a mettere in pratica un solo cambiamento, al massimo due e, quando questi si saranno consolidati nella vostra quotidianità e ne vedrete i risultati, potrai passare agli altri. Se cammin facendo ti accorgi che qualcosa non va come ti saresti aspettato, fermati, fai un excursus e valuta che cosa potrebbe esserti sfuggito. Infatti, per esperienza diretta, ti diciamo che anche in questo caso difficilmente sarà il bambino a essere "tosto" o "reticente". Ma, con grande probabilità saremo noi ad aver inavvertitamente trascurato qualcosa.

Passo n°3
La goccia scava la pietra

La perseveranza sarà un asso nella tua manica che potrà fare la differenza. Per un cambiamento duraturo, per ricostruire nuove fondamenta nel rapporto con tuo figlio, ci vuole tempo. A volte ci stupiamo quando alcuni adulti si mostrano impazienti e pretendono che il bambino si trasformi immediatamente. Anche in questo caso poco è cambiato: il bambino deve rispondere a un nostro comando, come il cane nell'ora di addestramento davanti al biscotto. Dobbiamo avere pazienza e, nel caso non l'avessimo, maturarla. Proprio ieri, durante una consulenza, Roberta ha dato un suggerimento a una mamma su come poter intervenire con suo figlio. Al termine la mamma le disse che era tutto chiaro, che vedeva il problema e che quello che le mancava era proprio la capacità di fare quella determinata cosa, perché a causa della sua infanzia non aveva

mai potuto farla emergere. Roberta le rispose che molto spesso i nostri figli sono proprio qui per questo, per darci la possibilità di portare a termine la nostra maturazione in qualità di individui. Grazie alla "prova" che la figlia le presentava, avrebbe avuto la possibilità di maturare aspetti di sé che erano rimasti latenti.
Proprio così si impara e si migliora: dalla vita. Mettendo le mani in pasta con pazienza e perseveranza saremo in grado di levigare anche la pietra più dura.

Passo n°4
Sii disposto a pagarne il prezzo

Non è detto che tutto filerà liscio fin da subito. È probabile di sì, ma considerando anche le nostre comuni resistenze al cambiamento, lo strano piacere perverso che a volte proviamo nel lamentarci, la difficoltà iniziale per essere più forti dei meccanismi e di quelle automaticità che magari da anni compiamo senza quasi accorgercene, non è detto che della rosa noi possiamo coglierne subito la bellezza e il profumo. Potrebbe accadere che per i primi tempi tu debba pungerti con qualche spina. Per esempio dovrai mettere in discussione quello che hai fatto finora e magari confrontarti con il senso di colpa, con la rabbia, con il senso di inadeguatezza, con il rifiuto di dover accettare la tua piena responsabilità nei confronti dei tuoi figli. Accetta che sia così, ma non perdere la speranza, la pazienza, la fiducia e la voglia di ottenere ottimi risultati nella vostra relazione. I primi scogli sono a volte il "prezzo da pagare" per andare oltre il velo dell'ignoranza e dell'inefficienza.

Passo n°5
Esci dal guscio

Esci da tutto quello che finora hai messo in pratica e ha funzionato poco, esci dai vecchi stereotipi che ti parlano di vizi e capricci, di premi e di punizioni, di regole e di complimenti, di polso fermo e di concessioni. Tutto questo è vecchio, dannoso e innaturale. Sappiamo che certe cose ti saranno sembrate "strane" e che applicandole temi forse di venire meno al tuo ruolo di guida che sta qualche gradino in su. Possiamo rasserenarti che l'idea finora vigente di "guida" corrisponde in verità a un modello genitoriale che si propone all'esterno come duro e autoritario, ma che nasconde all'interno numerose fragilità, paure e debolezze. I bambini lo sentono e questo è uno dei motivi per cui perdono facilmente e, già in tenera età, la piena fiducia in mamma e papà: si trasformano in piccoli adulti, si ribellano, vogliono poter controllare tutto quello che sta loro intorno. Uscire dal guscio è per te la via di salvezza: puoi scegliere di mettere da parte l'educazione ricevuta, le convinzioni, le paure così da dedicarti ai tuoi figli nel miglior modo possibile che la Natura ha previsto per loro. Inizia a osservarli di più, a non dare nulla per scontato, a misurarti con i tuoi limiti e a uscire dalla tua comoda zona di confort che, anche se apparentemente sicura, nasconde parecchie insidie, tra le quali quella di farti rimanere un genitore insipido, poco riflessivo e a volte di scarsa coerenza. Tutto questo per salvare delle apparenze, per ingrassare l'ego, per mantenere le cose come stanno pur di non assumerci il rischio e la responsabilità del cambiamento. Per il pulcino non è una passeggiatina bucare il guscio con il becco; per la farfalla non è un giretto al centro commerciale sgomitare contro le pareti del bozzolo che la contengono; per te e per tuo figlio non è stato facile uscire dal canale vaginale. Tutte queste cose richiedono uno sforzo iniziale, ma non per questo il pulcino desiste, la farfalla rinuncia, il cucciolo d'uomo smette di nascere. Quindi, esci anche tu dal tuo guscio: credici perché se vuoi, puoi!

Passo n°6
Lo voglio anch'io!

Quello che stiamo per scrivere vuole essere una sorta di avvisaglia su quello che potrebbe accaderti e che, a volte, accade quando si inizia a prendere in considerazione una modalità differente di vedere i propri figli, che richiede la messa in moto di modi di essere diversi da quelli utilizzati da sempre. Infatti, dovendo mettere davvero il bambino al primo posto, dovendo mettere sul piedistallo i suoi bisogni innati, dovendo in qualche modo (pur mantenendo il nostro ruolo) metterci al servizio della sua essenza, dovendo renderci totalmente disponibili per la sua crescita, potrebbe accadere che la parte di noi non ancora matura, quella che avrebbe ancora bisogno di coccole e di attenzioni, quella che vorrebbe essere ancora sotto i riflettori, vada un pochino in crisi. Ci è capitato spesso di assistere alla difficoltà di accettare i contenuti della crescita secondo Natura, di dire di no, che non è possibile, che è assurdo, con rabbia, agitazione e preoccupazione. Oppure ci è capitato di vedere genitori rinunciare perché tutto questo ti mette per forza di cose

anche davanti a te stesso. Se ti devi mettere a completa disposizione di tuo figlio, se in te c'è una parte che ancora deve maturare ed essere autonoma, questa inevitabilmente entrerà in conflitto con i bisogni del tuo bambino e prenderà anche lei a fare i capricci. Potrebbe accadere che non trovi giusto dover fare tutto da solo, che anche tu hai i tuoi diritti e i tuoi bisogni, che non lo sopporti più, e altre cose di questo genere. È verissimo che ci sono anche i tuoi bisogni, soltanto che, se non fossi in reazione, semplicemente troveresti le soluzioni per ricavarteli, senza venir meno ai bisogni e alle attenzioni di cui tuo figlio ha bisogno. Se invece accade, è importante che tu possa osservarlo e senza giudizio riconoscere questa parte di te che è ancora bisognosa. Cosa puoi fare se ti trovi in questa situazione? La cosa più importante è sospendere il giudizio e il lamento e iniziare a soddisfarla con le tue sole forze, senza più pretendere che qualcuno dall'esterno possa ancora darci l'amore non avuto in passato. Dobbiamo aprire in noi la fonte di infinito amore, avere per noi quelle attenzioni che tanto desideriamo e che a volte pretendiamo arrivino da altri. Se siamo adulti, non è più possibile e, il fatto di imparare a darci amore da soli, accrescerà di molto la nostra forza, la nostra autonomia e la capacità di riconoscere i bisogni altrui.
Per il bambino tutto questo non vale. Lui è ancora un bambino e, anche se volesse, non potrebbe farlo da solo. Gli servi per forza tu, per questo ti ha scelto. Quindi, se "lo vuoi anche tu!", prenditi quello che desideri, ma senza dover innescare strane competizioni con i tuoi figli.

Passo n°7
Divertiti!

La vita non va presa troppo sul serio. La vita è sempre un tripudio di gioia. L'inferno è solo quello che scegliamo di vivere dentro di noi, quando scegliamo i limiti al posto delle possibilità, quando vediamo tutto nero invece di cercare di andare oltre cogliendo il bello delle cose, quando ci arrabbiamo chiusi nei nostri rancori e nei nostri schemi fissi, invece di affidarci con responsabilità al nostro flusso che sa sempre dove portarci. Sappiamo che finché si tratta di te è un conto, ma quando si tratta invece dei tuoi figli tutto prende un altro sapore. Siamo consapevoli che quando devi pensare anche per loro è più difficile, che ti senti più responsabile e le paure aumentano. Se ti lasci travolgere da questi stati d'animo sarai tu stesso a costruirti tutte quelle impalcature rigide che ti impediranno di respirare, di sentirti libero di agire con spontaneità. Basta con tutti questi dogmatismi, con tutta questa formalità, persino in famiglia e addirittura con i bambini! A loro non serve e non la capiscono. I bambini, se, pur con la guida di mamma e papà, vengono lasciati liberi di essere se stessi, vivono perennemente nella gioia e imparano dalla vita divertendosi e con il sorriso.

Tutto quello che potremmo ancora scrivere sarebbe superfluo e inutile perché basta che tu possa imparare da loro che in questo, come in tutto il resto, sono i veri maestri.

Guida rapida alle 7 Idiozie

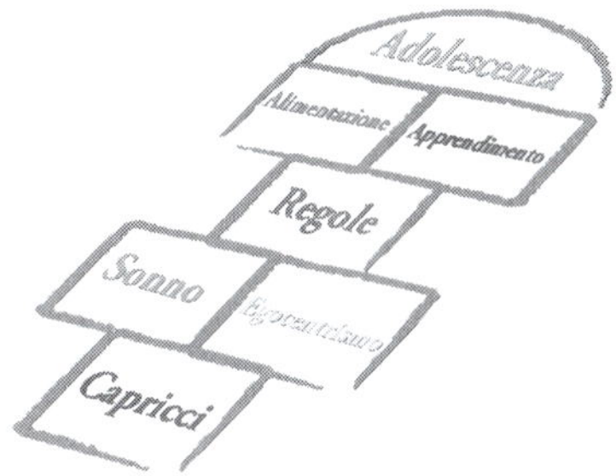

1ª Idiozia sui Capricci: **perché vuoi sempre farmi arrabbiare?**

Se osservi la natura del tuo bambino scoprirai che...

...i capricci non sono capricci, ma nascondono sempre una VALIDA MOTIVAZIONE INTERIORE.

2ª Idiozia sul Sonno: **lascialo dormire da solo altrimenti lo vizi**

Se osservi la natura del tuo bambino scoprirai che...

...come per tutti i cuccioli IL SUO POSTO È ACCANTO A UN ADULTO, *soprattutto di notte quando si sente naturalmente più* INDIFESO.

3ª Idiozia sull'Egocentrismo: **devi prestare i giochini agli altri bimbi.**

Se osservi la natura del tuo bambino scoprirai che...

...per essere un adulto sereno e autonomo ha bisogno di vivere i suoi primi anni al CENTRO DELLE ATTENZIONI, *di* SENTIRSI AMATO, *non giudicato e di sapere che è* PERFETTO *così com'è.*

4ª Idiozia sulle Regole: **perché non mi ascolti? Te l'ho già spiegato 1000 volte!**

Se osservi la natura del tuo bambino scoprirai che...

...le REGOLE *e le* ABITUDINI *vengono assorbite in modo efficace e facile tramite l'*ESEMPIO.

5ª Idiozia sull'Alimentazione: **perchè mangia solo pasticci?**

Se osservi la natura del tuo bambino scoprirai che…

…per lui il CIBO è soprattutto sinonimo di AMORE e di NUTRIMENTO AFFETTIVO.

6ª Idiozia sull'Apprendimento: **ripetilo ancora una volta così lo impari meglio!**

Se osservi la natura del tuo bambino scoprirai che…

…la forma di apprendimento che predilige è quella data dall'ESPERIENZA PRATICA e dal vivere quello che impara, ANIMATO DA IMMAGINI e COLORATO DA SENTIMENTI.

7ª Idiozia sull'Adolescenza: **questa casa non è un albergo!**

Se osservi la natura del tuo ragazzo scoprirai che…

…puoi trovare la soluzione del suo disagio MIGLIORANDO IL RAPPORTO tra di voi e ASCOLTANDO con più attenzione i suoi veri BISOGNI EMOTIVI.

Ringraziamenti

Giunti al nostro secondo libro con loro, rivolgiamo un grazie di cuore a Prabhat e Monica, fondatori della casa editrice Unoeditori, per aver creduto nel nostro lavoro e per aver deciso di pubblicare i nostri lavori. Grazie perché attraverso il vostro forte contributo abbiamo potuto in poco tempo raggiungere migliaia di genitori e diffondere i principi della crescita secondo Natura, al fine di contribuire tutti insieme a formare "l'uomo nuovo".

Un grazie immenso ai nostri genitori che hanno dovuto sorbirsi le preoccupazioni e i timori di chi ha un figlio che fa scelte diverse dai coetanei e che lascia la famiglia di origine molto presto per inseguire i propri sogni.

Grazie a tutte le persone che ci hanno sempre sostenuto e che hanno creduto in noi, a partire dai nostri allievi che ci hanno accompagnato in questo anni e che hanno contribuito ad accrescere la nostra esperienza e la nostra conoscenza.

Lettera Speciale:
la vita a volte è strana…

Cara Angela,
la vita a volte è "strana"...
con la tua partenza sembrava che tutto fosse finito in quel giorno del 10-10-2010, alle 8.30, nell'attimo infinito del tuo ultimo sguardo e del tuo ultimo respiro.

I tuoi ventidue anni di esperienza e osservazione della magica natura dei bambini sembravano non avere più un senso senza la tua presenza fisica... Non avevamo intenzione di continuare e per un momento abbiamo deciso di gettare la spugna e trasferirci in un'isola sperduta. Ma, come a volte accade, una serie di eventi ci hanno fatto cambiare idea e, con il trascorrere del tempo, abbiamo scoperto che, quello che inizialmente era il tuo sogno, quello di aiutare i bambini lavorando sulla consapevolezza e la maturità dei genitori, si sta realizzando sempre più velocemente.

Grazie a *Smettila di reprimere tuo figlio* e al tuo "zampino", il nostro lavoro sta raggiungendo migliaia di famiglie italiane; mamme e papà che scoprono per la prima volta i principi della crescita secondo Natura; genitori che imparano a parlare la lingua dei loro cuccioli, riprendendo un termine a te caro. Proprio quei principi di cui abbiamo sempre parlato per ore, nelle lunghe passeggiate serali d'estate, durante i corsi per bambini e adolescenti, nei master di specializzazione... e, infine, nelle infinite notti trascorse insonni a lottare contro il tempo per recuperare la tua salute e riflettendo sul senso della vita...

Tutto è iniziato nel 2006 con la passione comune per i bimbi e ora continua con Bimbiveri.
Avevi ragione tu quando ci dicevi: «*Dio sa sempre come muove le sue pedine... andate avanti perché scoprirete che tutto questo ha un senso*».

Grazie per la fiducia che hai sempre avuto nei nostri confronti.
La fiamma del tuo esempio e dei tuoi insegnamenti oggi continua a splendere sempre più forte negli occhi dei bambini.

La storia di Angela Pedicone

Adesso vogliamo raccontarti questo "pezzo di storia" per rendere omaggio a una donna spirituale, profondamente dedita all'aiuto degli altri, senza la quale non avremmo tutte le basi per svolgere il meraviglioso lavoro a cui siamo chiamati.

Iter lavorativo

Angela ha trascorso dodici anni nell'Ospedale Regina Margherita di Torino come infermiera pediatrica e caposala.

In questo periodo, ha affinato la sua già spiccata sensibilità nei confronti dei bambini, ma ha poi scelto di licenziarsi di punto in bianco a causa di una crisi etica.

Per lei era impossibile continuare ad assistere all'accanimento terapeutico di un'anima che ha già scelto di andarsene, così come a tutte le pratiche poco accoglienti dell'Ospedale, anche nei confronti dei genitori dei bambini ricoverati, costretti a seguire regole rigide che non favorivano la convalescenza dei bambini.

Fin da quando, ventenne, ha cominciato a lavorare in ospedale, ha cercato sempre di trascendere le fredde regole che vigevano (oggi per fortuna in molte strutture ospedaliere non è più così), insistendo ad esempio per far allungare l'orario di visita dei genitori, che secondo lei non davano nessun fastidio, ma anzi alleggerivano il lavoro delle infermiere, assistendo i loro figli durante i pasti o durante l'assunzione delle medicine, con la conseguenza che gli operatori potevano dedicarsi maggiormente ai bambini più sofferenti e bisognosi.

Inoltre, cercava di strappare il permesso ai primari per festeggiare i compleanni dei bambini nei reparti e, quando non otteneva i permessi, non demordeva consentendo comunque il festeggiamento in reparto! La tenacia e la perseveranza erano doti molto vive in lei. Per Angela la gioia era un diritto sacrosanto dei bambini e bisognava rendere il più possibile serena la loro degenza in ospedale!

La vocazione e San Francesco

Per appagare la sua forte vocazione umanitaria, in giovane età, si recò nelle favelas in Sud America per assistere i bisognosi.
Le vite che l'ispiravano maggiormente erano quelle di San Francesco, di Gesù e di Osho. A proposito di quest'ultimo però, non ha mai condiviso le interpretazioni che le persone ne hanno dato, deducendole dai suoi insegnamenti. Angela riteneva che Osho fosse il maestro più frainteso di tutti e che i suoi insegnamenti non possano essere compresi razionalmente, ma solo attraverso l'intuizione profonda.

La fine del lavoro come infermiera e caposala

Dopo dodici anni di intenso lavoro, Angela comunicò al primario il suo desiderio di licenziarsi, ormai certa che l'ospedale non fosse il posto adatto a lei. Come risposta ricevette un invito a sottoporsi a una perizia psichiatrica: il primario credeva che fosse impazzita. Angela ovviamente rifiutò, lasciando l'ospedale senza avere un'altra alternativa di lavoro.
Questa condizione non durò però a lungo, in quanto una sua amica, a pochi giorni dal licenziamento, le consigliò di prendere in considerazione la possibilità di frequentare una scuola di Naturopatia. Angela colse al volo il suggerimento, leggendolo come un segno: si iscrisse e frequentò anche i master di specializzazione.

Le sue creazioni

Dopo sette anni di collaborazione con la scuola in cui si era formata, Angela decise di fondare una propria realtà, dove preparare gli allievi anche dal punto di vista della maturità interiore e nella quale portare avanti le sue scoperte e intuizioni soprattutto nel mondo dell'infanzia.

Così fondò l'Istituto di Formazione *L'Oasi Naturale*, condusse corsi per adolescenti e bambini, effettuò interventi nelle Scuole medie statali sulle dipendenze e sulla sessualità, interventi nei centri di tossicodipendenza, tenne corsi pre-parto, conferenze in diverse città d'Italia e svolse attività di consulenza prevalentemente nel centro di Torino. Ma, soprattutto, mise a punto la sua creatura più importante: il master *Come crescere tuo figlio secondo Natura* per infermiere, ostetriche, genitori, insegnanti.

Nel 2006 venne invitata a partecipare a un noto programma televisivo di Mediaset, ma Angela rifiutò. Infatti, in quel particolare periodo della sua vita, non voleva mettersi in mostra pubblicamente, soprattutto per il timore di perdere la tranquillità di cui godeva in quegli anni. Per libera scelta, decise di accettare di partecipare solamente a trasmissioni televisive regionali.

Come Angela viveva e le sue abitudini

Da quando l'abbiamo conosciuta, Angela tendeva a vivere in maniera sempre più monastica, cercando di evitare gli eventi mondani e isolandosi per redigere articoli e portare avanti le sue ricerche. Seguiva, per vocazione interiore, prevalentemente l'alimentazione vegana, si ammalava molto raramente, lavorava spesso fino a sera tardi, affermando sempre che chi segue le proprie passioni e il proprio progetto di vita animico si ricarica mentre lavora.

La caratteristica principale di Angela era la sua profonda sensitività e sensibilità nel comprendere l'uomo e le sue pulsioni animiche. Era in grado di guardare un bambino e percepire in pochi secondi la causa del suo malessere.
Io, Antonio, l'ho assistita in giornate di full immersion nelle quali svolgeva anche 8-9 consulenze di seguito, senza fermarsi a mangiare, per dare sollievo a centinaia e centinaia di persone afflitte da tensioni emotive, lutti, malattie gravi, difficoltà relazionali.
Nei corsi era in grado di percepire le ferite affettive degli allievi in pochi minuti, magari mentre le facevano delle domande. Queste facoltà sensitive che ha avuto fin da piccola, ci hanno sempre lasciato di stucco, soprattutto le prime volte in cui assistemmo a queste scene ma, per fortuna, attraverso la ricerca interiore, è possibile per tutti apprenderle.
Dal punto di vista lavorativo Angela era profondamente disciplinata, e tenace nel portare avanti le sue intuizioni e i suoi progetti.
Era sempre grata alla vita per tutte le benedizioni che riceveva e, quando si presentava una difficoltà nella pratica, rivolgeva la sua attenzione sulla soluzione e mai sul problema.
Aveva la tendenza a vedere nelle persone sempre e solo la potenzialità e ad aiutarle a superare le loro difficoltà interiori. Possedeva la capacità straordinaria di sentire la compassione profonda nei confronti del prossimo e, quando si arrabbiava non entrava nell'emozione, ma recitava il ruolo senza identificarsi con la situazione.
Questa era la sua dote più grande: la capacità di restare nel presente nonostante le situazioni esteriori e le difficoltà.

Il centro per bambini in affido

Dopo lunghi anni di intenso lavoro, fra il 2008 e il 2010, Angela

realizzò due grandi e profondi desideri:
la fondazione della *Comunità Naturopatica* per bambini in affido famigliare in provincia di Asti, con l'avvio del progetto di bambini in affido famigliare.
Nel 2010, introdusse la Naturopatia in Ospedale, all'Ospedale Martini di Torino, nei reparti di Otorinolaringoiatria e Pediatria.

La preparazione alla partenza

Un giorno, mentre finalmente avevamo dodici bambini in affido famigliare, e collaboravamo intensamente con i servizi sociali di Torino, Angela mi chiamò e, per la prima volta, mi raccontò il suo profondo e ultimo desiderio. Riporto il nostro breve dialogo.
Angela: «*Sai Antonio, con questo centro ho realizzato un mio sogno che avevo fin da piccola, ora ne rimane solo uno e poi posso anche lasciare il corpo fisico*».
Io rispondo: «*E quale sarebbe questo ultimo desiderio, così lo realizziamo subito, perché la vita ha senso solo se seguiamo le nostre passioni e se siamo felici*».
Angela: «*Desidero ritirarmi dal lavoro, non voglio fare più corsi ad eccezione di qualche conferenza, lascio a te tutte le consulenze e l'azienda. Io adesso voglio solo occuparmi dei bambini in difficoltà, scrivere libri e avere io stessa una bambina per sperimentare ancora una volta la gravidanza consapevole e la comunicazione con il feto durante la sua crescita nell'utero*».

Da quel giorno iniziò il processo di passaggio delle consegne, solo che entrambi non sapevamo, almeno razionalmente, che il suo desiderio interiore, per cui sentiva di lasciare l'attività lavorativa, era il primo segnale che il suo tempo su questa terra stava terminando.

Questo aspetto lo abbiamo integrato solo un anno dopo con la comparsa della malattia che, da subito, si è dimostrata refrattaria a qualsiasi approccio medico e olistico, inviandoci il chiaro messaggio che non era arrivata per andarsene e che aveva ben altre funzioni.
Angela ha trascorso sette mesi di malattia, sette mesi nei quali ha comunque continuato a essere grata alla vita per tutte le benedizioni che aveva ricevuto, per tutte le scoperte che aveva fatto, per tutte le persone che era riuscita ad aiutare.
In questi mesi ha voluto vedere pochissime persone e questa sua scelta, spesso non compresa, ha scatenato non poche reazioni.
Sono anche stati mesi di profondo dolore fisico, a causa di fitte lancinanti che l'assediavano, ma Angela era una testa dura e fino all'ultimo, ha evitato i farmaci più forti e invasivi, perché oscurano la lucidità mentale.
Angela ha lasciato il corpo a 41 anni, la mattina del 10-10-2010.

Il restauro delle attività e il nuovo ciclo

Dopo la sua partenza è iniziato il percorso di restauro delle attività e ora *Bimbiveri* è la realtà che porta avanti i suoi studi e le sue ricerche, per diffondere il metodo della Natura, per crescere i bambini felici e sereni, e per donare agli adulti che hanno sempre un bambino dentro di sé, le conoscenze in grado di fargli condurre una vita dedita alle proprie passioni e al proprio progetto di vita.

La creazione più importante, almeno per noi, resta l'ideazione del master di Naturopatia Pediatrica, oggi *Come crescere tuo figlio secondo natura*, che consegna all'allievo le chiavi per risolvere le proprie carenze e ferite affettive, per migliorare le proprie relazioni, per seguire la propria leggenda personale e per crescere a sua volta un bambino da 0 a 21 anni, sostenendolo nelle sue passioni.

Anche se è rivolto ai genitori e agli operatori nel settore dell'infanzia, si tratta in verità di un percorso di trasformazione interiore che insegna come realizzarsi seguendo i principi della natura umana, e non solo, unico ed essenziale mezzo per tale compimento.
Per questo motivo oggi la nostra realtà si chiama *Bimbiveri*, un nome con duplice significato: da un lato promuove la crescita dei bambini secondo la loro vera natura da 0 a 21 anni e, dall'altro, promuove la risoluzione delle ferite del bambino interiore che tutti noi adulti abbiamo dentro, le cui carenze affettive dell'infanzia tendono a farci sopravvivere nell'insoddisfazione e nella tristezza invece che farci vivere nella gioia e nella serenità.

Il rammarico per la morte

Molte persone si sono rattristate e depresse nel non comprendere come mai una persona come Angela non sia riuscita a uscire dalla malattia, con tutte le conoscenze che aveva e dopo aver accompagnato in tanti anni migliaia di persone alla salute e al benessere.
Altri ancora oggi piangono la sua morte, amareggiate perché un'anima buona e consapevole è morta e perché non meritava una fine del genere. La vogliono indietro e sono depressi perché non hanno mai accettato la sua partenza.
Entrambe queste visioni non appartengono a un uomo libero. La morte è solo un'esperienza che arriva per portare una lezione molto importante per chi parte e per tutti quelli che restano.
Il divino non ha creato la morte per deprimerci, ma per essere grati alla vita, per aver trascorso del tempo con la persona a noi cara. Tornando indietro con la mente al passato, la visione secondo Natura è quella di ricordare i momenti trascorsi insieme con gioia e con profonda gratitudine.

In Occidente la morte è vista come un evento negativo e da evitare, mentre in alcuni paesi dell'Asia e del Sud America è considerata un evento di festa per cui ballare con le ghirlande di fiori appesi al collo. In verità il momento del lutto è un processo di trasmutazione alchemica rappresentato dalla fenice che, risorgendo dalle ceneri, si libra verso l'alto più forte e consapevole che mai, dirigendosi verso la suprema meta dell'uomo: la libertà interiore.
In fondo, come ci ha sempre detto Angela fino all'ultimo giorno...
...«*la morte è solo un passaggio come la nascita e Dio sa sempre come muove le sue pedine*».

La speranza

Ci sarebbe tanto da raccontare ma ci fermiamo qui. Speriamo di essere riusciti a trasmetterti la passione e la gratitudine con cui Angela ha vissuto la sua intensa vita e la sua passione verso la crescita dei bambini, senza condizionamenti e ferite affettive. Ci auguriamo che ti sia d'ispirazione per incoraggiarti a seguire la tua felicità e il tuo cuore.
Oggi continuiamo quello che Angela aveva cominciato e, soprattutto, cerchiamo di vivere secondo i principi della libertà interiore e di essere di esempio ai nostri allievi e lettori.
Per alcuni Angela è stata una maestra, per altri una donna comune, per altri ancora una guaritrice sensitiva... per noi era "solo" una donna consapevole che ha avuto il coraggio di seguire i suoi talenti e la sua felicità, nonostante le difficoltà esteriori, e di contribuire a rendere questo mondo migliore.

Per approfondire

Andando sul sito…

www.bimbiveri.it

e registrandoti, puoi scaricare il testo GRATUITO…

Permetti a tuo figlio di essere felice.

Inoltre riceverai:

- I nostri articoli;
- Casi pratici e le esperienze sul mondo dell'infanzia e dell'adolescenza;
- Interviste e news;
- Report speciali sulla crescita felice…

… e molto altro ancora, per guidarti a diventare un genitore felice, sereno e consapevole!

Per proseguire il tuo viaggio…

Ora che sei consapevole delle conoscenze e delle abilità necessarie per essere prima un adulto felice e realizzato, e poi di conseguenza un genitore felice… come proseguire?
Puoi approfondire da solo il contenuto di questo testo, oppure puoi accelerare il tuo percorso personale partecipando *gratuitamente* al corso…

La formula per la crescita felice

un giorno di formazione con Roberta Cavallo e Antonio Panarese, per approfondire i contenuti di questo libro.
Per accedere al corso basta portare questo libro.
L'accesso è valido per te e per una persona cara che vuoi portare e a cui vuoi fare un regalo secondo Natura.
Per sapere la data e la città del corso più vicina a te e iscriverti, invia un'e-mail a *info@bimbiveri.it* oppure visita il sito *www.bimbiveri.it* e lascia i tuoi dati nella sezione Contatti.

Il corso è TOTALMENTE GRATUITO!

Gli autori

ROBERTA CAVALLO e **ANTONIO PANARESE**,
scrittori, autori di
Smettila di reprimere tuo figlio,
il libro **BestSeller** che ha venduto 20.000
copie e raggiunto il **1° posto**
in classifica su Amazon.it - Ibs.it -
Macrolibrarsi.it - Ilgiardinodeilibri.it

Formatori specializzati nell'infanzia secondo Natura, consulenti genitoriali. Fondatori di *BIMBIVERI*, la società per la crescita felice dei bambini, hanno gestito per cinque anni un *centro di affido familiare* per minori disagiati collaborando con i servizi sociali di Torino, Casale Monferrato, Leinì e Viterbo. Hanno condotto all'interno del centro di affido un'esperienza triennale di *istruzione familiare*, nella quale i bambini sono stati accompagnati in un percorso educativo che inglobava da un lato l'insegnamento dei contenuti scolastici previsti dal Ministero e, dall'altro, l'utilizzo di una metodologia più in sintonia con la natura del bambino. Hanno gestito per la Regione Piemonte il corso di aggiornamento *La Via Naturale: lo sviluppo emotivo del bambino secondo natura* per la formazione degli insegnanti delle Scuole dell'infanzia. Sono gli ideatori di *Come crescere tuo figlio secondo natura*, il programma formativo completo rivolto a tutti i genitori, insegnanti e operatori del settore Infanzia, per apprendere le leggi di Madre Natura attraverso la mappa per la crescita felice dei bambini da 0 a 21 anni.